Carlo Emilio Gadda
Die Wunder Italiens

Verlag Klaus Wagenbach   Berlin

Aus dem Italienischen von Toni Kienlechner

Die Fußnoten in diesem Buch stammen, sofern nicht
ausdrücklich anders vermerkt, vom Autor

5.-8. Tausend, 1985

© Giulio Einaudi editore, s.p.a., Torino
© 1984 für die deutsche Übersetzung:
Verlag Klaus Wagenbach   Ahornstraße 4   1 Berlin 30
Umschlaggestaltung: Rainer Groothuis unter Verwendung des
Gemäldes *Paesaggio con scena sotto una tenda* von
Francesco Grimaldi (Ausschnitt). Rom, Galleria Borghese
Satz und Druck: Poeschel & Schulz-Schomburgk, Eschwege
Gesetzt aus der Borgis und Korpus Walbaum Antiqua Linotype
Bindung: Druckerei Wagner, Nördlingen
Printed in Germany. Alle Rechte vorbehalten
ISBN 3 8031 3523 0

Inhalt

Ein Tiger im Park
9

Lombardisches Land
18

Bei den Reispflanzerinnen
23

Die Reise der Gewässer
31

Mondnacht
39

Plan von Mailand. Zierde der Paläste
49

Unser Haus verändert sich: und der
Mieter muß es ertragen
55

An der Mailänder Börse
63

Ein Vormittag auf dem Schlachthof
71

Urväterrisotto. Rezeptur
88

Der Mensch und die Maschine
93

Eine Baustelle in der Wüste
102

Die Abruzzen. Menschen und Land
112

Die drei Rosen von Collemaggio
123

Editorische Notiz
135

Über den Autor
139

Bibliographie
140

Die Wunder Italiens

Ein Tiger im Park

Die heutigen Psychiater führen, wie manch einer in der Presse beklagt, die wichtigsten Tatbestände unseres Geistes*, diejenigen vom reichsten Triebgehalt, auf kindlichen Ursprung zurück: also die Wünsche, die Hoffnungen, die Kümmernisse und überhaupt die Möglichkeit ihres Mechanismus': und den Hang zu einer Kunst und die unbezwingbaren Automatismen, die man »Instinkte« nennt; die Ängste, die Eifersüchte, die Manien, die Sympathien und Antipathien und all die vielfarbenen Ticks, mit denen Unsere Herrlichkeit sich schmückt: kurzum, alle Impulse, seien sie akzeptabel oder verwerflich, also sozial oder asozial, aus welchen sich unsere Figur eines erwachsenen Menschen zusammensetzt.

Zumindest schöpfen diese Impulse (und folglich die Taten, die aus ihnen hervorgehen) aus dem kindlichen Urquell ihre Kernkraft: unsere Gegenwart ist von unserer Kindheit her ausgestattet. Das Leben ist ein einheitlicher Prozeß, eine dichte Abfolge von Ereignissen, ohne Möglichkeit, eines davon zu vergessen.

Meine Biographie ist reich an köstlichen** Vor-Bestätigungen für die »Analysen« der Spezialisten und für ihre

---

* Geist im Sinne des Empfindens.
** Ironisch gemeint, versteht sich. Der Verfasser hat frühe und schmerzliche Bestätigungen erfahren für alles, was ihm in späteren doktrinären Zwecksystemen erklärt werden sollte.

komplexen doktrinären Zwecksysteme. Mir ist sogar in den Sinn gekommen, in einer möglichen »Sammlung« die Manien des Herrn X.Y.Z. (welcher ich selber wäre) zu beschreiben, um sie, eine um die andere, auf ihre jeweilige Kindheitskrise zurückzuführen. Diese »Sammlung« würde weniger ein unnützes biographisches Dokument darstellen, als vielmehr einen anmutigen Beitrag zur Polemik.

Viele, die darunter leiden, sehen in der Verbreitung dieser Doktrinen die Auflösung einer moralischen Herrschaft des GUTEN (sic) über die menschliche Gemeinschaft: während es doch viel wahrscheinlicher ist, daß eine Milderung ihrer Strenge gegenüber derartigen Analysen sie dahin brächte, »de hoc mundo« ein Bild zu gewinnen, das weiteren Richtigstellungen, theoretischer und praktischer Art, zugänglich wäre, also weiteren »Vervollkommnungen«.*

HINGEGEN ist meine schriftstellerische Technik (eines Schriftstellers zweiter Klasse) zu weit entfernt von Programmen, um mir zu erlauben, die oben angepriesene »Sammlung« zu präsentieren: indem ich Leiden oder Freuden aufspüre, werde ich zu den infantilen Bildern und quasi zu den infantilen Zuständen gelangen, zu den wurzelhaften und tiefen Falten der ersten Lebenszeit: aber ich werde notwendigerweise und instinktiv dort anlangen, nicht willentlich oder mit Absicht.

Mein Weg wird mich von selbst zum notwendigen Ausdruck bringen, wenn die Prägnanz des Falls es erfordert: wenn nicht, so bleibt Ihr eben ohne meine Prosa. Ich werde nicht willentlich und absichtlich nach dem Ausdruck suchen, zur Bekräftigung einer psychologisierenden Doktrin, und

* Die Meinung des Verfassers geht dahin, daß eine neue »Ethik« nicht absehen könne von den neuen psychologischen Doktrinen.

sei sie noch so scharfsinnig: ich werde von mir selber sagen: »ich wollte nicht, wollte nie, wollte auf keinen Fall«. Und ich werde mich standhaft weigern (obwohl ich die verdienstvolle Doktrin akzeptiere und mich der von ihr eingeführten Untersuchung bediene), ein bravtrabender Diener der Doktrin zu sein: also ein gewolltes, gezwungenes, angepaßtes und mit Hühnermist gedüngtes Etwas. Falls ich einen Tarock in der Hand haben sollte, so werde ich ihn im gegebenen Moment ausspielen.

Hier bin ich nun also bei einer essentiellen Manie angelangt, die auf ferne Kindheitskrisen zurückzuführen ist. Es ist die des Parks und des Kastells von Mailand. Unschuldig und dennoch vehement wie die Anziehungskraft seiner Türme auf die Tauben und auf die ziehenden Schwalben.

Ich verbrachte meine ungetrübten Stunden im Park, mit den ersten Gefährten spielend, bewunderte die Locken der kleinen Mädchen, ihre großen, tränenlosen, staunenden Augen: als erste Rivalen im öffentlichen Amte kniffen wir uns und verkratzten uns die Gesichter mit gewisser Unbeschränktheit: und mit schöner und später nie wiedergefundener Spontaneität. Das Über-Ich, also die ethische Herrschaft der Vernunft, beirrte uns noch nicht so sehr. Alles ereignete sich unter den Augen der »lieben Amme« und ihrer Stellvertreterinnen: welchselben sich der Schutzmann mit der violetten und warzigen Nase untertänig näherte, der uns nie, trotz meiner unverschämten Einbrüche in die Wiese, auch nur mit einer Lira Strafe belegte.*

Die Stellvertreterinnen erregten meine Neugierde von Tag zu Tag immer mehr: daher rührt ein weiterer berühmter Tick, welchselber (wie ich sehe) viele andere männliche

---

* Der Schutzmann (1896) hatte eine dunkel-violette und warzige Nase und hofierte das Kindermädchen des Verfassers aufs heftigste.

Wesen verfolgt, um nicht zu sagen, alle: der Tick, daß sie um jeden Preis den biopsychischen Mysterien der weiblichen Einrichtung auf den Grund gehen wollen, indem sie die feierlichsten Verbote brechen.

Dank der Schutzmannsnase lernte ich sehr früh das Wort »Pfefferhorn«* kennen, das mich jedoch kaum beunruhigte. Doch das kosmische Ich bediente sich, statt der Geldstrafe, eines anderen Mittels, um mir anzuzeigen, daß es verboten ist, den Rasen zu betreten.

Ich wollte unbedingt im dichten Gebüsch von Strauch und Gras vierbeinig gehen, um mir die freudige Gewißheit zu verschaffen (sobald es mir notwendig und angezeigt schien), mich in einen Königstiger verwandeln zu können.

Das Nein des kosmischen Ich tat sich, als ich zum letzten Mal den vierbeinigen Tiger spielte, plötzlich kund in Form einer seltsamen Marmelade (oh, sie stammte nicht von Zwetschgen!), die zwischen meinen Fingern den auf einmal stinkenden Dschungel düngte: dort, wo dieser am meisten Dickicht und ich am tigerhaftesten war. Wenngleich ein Tiger, weinte ich herzzerbrechend: bis zur vollzogenen Waschung meiner Vordertatzen, wechselbiger die treue Amme mich liebreich unterzog, an dem nächsten Straßenbrunnen: und mein Ideal als Königstiger zu reüssieren, ach, es verblich auf immer.

Narzißtische Enttäuschung? Überlassen wir es den Psychiatern, den Tatbestand sowie dessen Modalität und Folgen zu deuten. Ich wollte sagen, daß aus jenen frohgemuten Vormittagen meines Frühlings wie des Frühlings der

---

* Die Kasuistik der Träume und eingebildeten Begegnungen weist in der Psychoanalyse einigen Feldfrüchten die Bedeutung sexueller Symbole oder Anspielungen zu. Was übrigens auf der Hand liegt; und dafür haben wir auf Schritt und Tritt philologische Belege.

Welt, aus den langen, in glücklicher Ganzheit gelebten Nachmittagen vor dem Kastell (wo jetzt der österreichische Mörser aufgestellt ist), beim Rennen, beim Rufen, fast beim Fliegen, den Schwalben gleich mit ihren tausend lebensvollen Schreien, oder beim Eintauchen meines bangen Gemüts in die Schatten der düsteren Burggräben, in denen damals das eremitische Fledermausflattern wehte; von jenen Heu- und Strauchgerüchen, aus jenem Purpur (daran möchte ich erinnern), welchen die Sonnenuntergänge über die Zinnen und Ziegel warfen wie ein Wappentuch der Grafen, der Sforza, aus jenem goldenen und blutroten Widerschein, den die Sonne zuletzt den Scheiben der großen Fenster entlockte, und aus den kindlichen Phantastereien, die damit einhergingen – ich wollte sagen, daß aus all dem, nach und nach, das gesamte Repertorium des künftigen Romans entstand, der für eine Seelen-Analyse, für die erschreckendste Analyse so überaus geeignet ist.

Falls das analytische Tribunal befinden wird, daß es sich um eine Sublimierung der Instinkte handelt, wird es mir nicht wehtun: ich werde weiterhin mit Appetit essen, auch wofern es sich um einen derartigen Instinkt handeln sollte, und um eine bestimmte Phase jenes Instinkts, der meiner Tante Kunigunde einen so heillosen Schrecken einflößt. Ein solches Repertorium kann mit dem »Ödipus-Komplex« in Zusammenhang gebracht werden: daher zollte ich denn der Amme (in Wirklichkeit war es eine von denen, die man »Trockenamme« nennt, mitsamt dem zugehörigen Korallen- und Filigranschmuck) die Mischgefühle von Liebe, Verehrung, Furcht, die sich dann, ganz allmählich, den Stellvertreterinnen gegenüber, in ein immer schärferes Stimulans verwandelten, zu immer verbotenerer Neugier.

Und die Liebe zu den Türmen, den Burggräben, den verschlossenen hohen Mauern, der Traum von den Kastellen, und ganz im allgemeinen die für mein Teil so heftigen Vorstellungen von Haus, Schutz, Verschluß, vernagelter Tür, Stadtmauer, Schutzgarde, Ausschluß der Unbekannten aus Stadt und Haus, sind, so sagen sie, in Verbindung zu bringen mit einer fernen Erinnerung, zu den noch pochenden ersten Herztönen, Erinnerung an jene Phase des Werdens, die noch einem mächtigen und fürsorgenden Leben innewohnte: und die mütterliche Schönheit verbrauchte sich im Vollzug.* Die Hypothese solcher Rückerinnerung und Wertung durch das Unterbewußtsein bringt mich keineswegs aus der Fassung: der Mechanismus unserer individuellen Ausformung ist im übrigen eine Epitome, eine Kurzfassung des in der Abstammung zurückgelegten Weges. Dieser, bei Darwin grundlegende, Lehrsatz klingt heute banal.

Aber kehren wir zurück zum Park, zum Kastell. Manchmal näherten sich Soldaten dem geschwätzigen Schwarm der Kindermädchen und sagten ihnen einige honigsüße Worte (ich verstand sie nicht) in mir unbekannten Akzenten: die Kindermädchen guckten sich um, dann lachten sie, gackerten wie eine Schar weiblicher Papageien und sagten: »Geht weg da, gleich kommt unsere Dienstherrin . . .«

»Und was tut sie uns schon, die Dienstherrin?«

»Euch nichts, aber uns armen Mädchen! . . .«

»Unser Dienstherr ist der Komiß . . .«

Ich verstand nichts, war aber entrüstet: das Kindermädchen war mein, und die Soldaten waren groß und brauchten keines: sie sollten doch ihre Übungen machen, die Unverschämten!, in Reih und Glied marschieren und mit dem Gewehr schießen und nicht mit meinem Dienstmädchen

* Die Phase des Lebens im Mutterleib soll angeblich bereits gegengezeichnet sein von der Heraufkunft der bio-psychischen Ursachen der künftigen Stadien.

»schwatzen«. Oh! die herrlichen Trupps im Gleichschritt, jeder Mann das Gewehr geschultert, mit dem Ziegenfellranzen, das Eßgeschirr daraufgeschnallt, mitsamt der Rolle des Zelttuchs!

Das ist's, daher vielleicht stammte meine Militärmanie: und entstand früh der Sinn für Symmetrie, für Parade und für Ordnung: dieses Bedürfnis nach Ordnung, das mein Leben so wenig glücklich gestaltet hat! Und die Psychiater, was werden sie jetzt sagen? Solange es um die Dienstmädchen ging, mochte es hingehen.

Doch nun tut sich ein Zwangsinstinkt gegenüber der äußeren Umwelt kund. Mit welcher Phase der Entwicklung ist er zu verbinden? Es tut sich ein geselliger Trieb zu meinen eigenen Geschlechtsgenossen kund, die mir als begehrenswerte Vorbilder erscheinen: eines Tages werde auch ich solche Waffen haben, das Gewehr, das Bajonett, und ich werde damit herumstolzieren, wenn nicht gerade vor den Dienstmädchen, so doch sicherlich vor den entsprechenden Gestalten meiner »Gesellschaftsklasse«: Wundervolle Frauen werden es sein, die Klavier spielen, auf englisch singen und neugeborene Hündchen malen.

Die Ruinen um das Kastell bestrickten mich durch etwas Furchterregendes, Mysteriöses, Abenteuerliches, Übelriechendes, das bezeichnend war für die antike und die neue Anmaßung. Die Erschießungen durch die Österreicher und das Hängen durch die Spanier hatten in jenen Jahren Gebeine und Totenschädel wieder herausgegeben: in die Hände der Erderbeiter und Gärtner. Ein Name haftete bereits in meinem Kleinknabengeist: Radetzki. Eine Furcht in meiner Kleinknabenseele: die Radaubrüder, das Messer.

Verderbte Gerüche drangen aus den verderbten Mauern: die hohen und glatten Halme der Gräser trugen, im Juni, obenauf eine körnige Ähre und erweckten in ihrer Tüchtig-

keit meine Bewunderung: sie waren volle und schwellende
Wesen, auf dem Gipfel ihrer Lebenskraft, hoch aufgereckt
in der Sonne. Und jene Überreste von Mauern enthüllten
als erste dem Knaben die Existenz anderer möglicher Personen und Bräuche: da man doch notwendigerweise sich
jemanden vorstellen mußte, der, sicher nächtlicherweile,
dafür sorgte, die furchterregenden Ruinen mit solcher Ton-
art anzureichern. (Die Synthese des Geruchssinns war lebhaft und unmittelbar.)

Waren es Arme oder waren es Böse? Mußte man ihnen
ein Almosen geben oder sie festnehmen lassen? Sie bemit-
leiden oder sie fürchten? Wer bestrafte sie? Wer waren die
Armen? Sie mußten mit dem Gas sparen. Und warum waren sie arm? Und warum schliefen sie nicht zu Hause? Und
wieso hatten sie keine Angst vor Dieben? Hatten auch sie
ein Dienstmädchen? Aber warum kratzten sie sich dann?

Mein Geist eines »Herrensöhnchens« begegnete zum er-
stenmal dem moralischen Übel*, und meine Tigertatzen
der tatsächlichen Bösartigkeit des physischen Übels. Meine
bereits nach Erkenntnissen gierenden Sinne erlitten zwischen den hohen Stengeln der Gräser den Nahangriff kru-
den Gestanks, mein bedrücktes Gemüt empfing den Enter-
haken nächtlicher Furcht.

Die Dienstmädchen beteuerten und schwuren mir einhellig, daß sie, sollte »der Mann mit dem Sack noch ein-
oder zweimal auf die Festung steigen, um dort seine Notdurft zu verrichten, sie die Wache rufen würden, um ihn
festnehmen zu lassen«. Da war er ja, auf der Bank, und
wühlte und kramte im Sack, zog zahnlückige Kämme hervor, eine Pfeife, Reservehosenträger, Gorgonzolakäse: ich
verwandte auf ihn meine ganze Verachtung als in meiner

* »Le mal morale, le mal physique«, etc. sind Ausdrücke der
Ethik des 18. Jahrhunderts.

16

Eigenliebe verletzter Königstiger, als in narzißtische Enttäuschung Gefallener. (Die beiden Texte entsprechen einander.)* Er war jetzt dabei, als ob er eine Wachtel rupfe,
vom Gorgonzola die Tabakskrümel, einen um den anderen,
zu entfernen und die alten Briefmarken, die sich dran festgeklebt hatten, trotz des Einwickelpapiers.

Dann wendete ich mein Gemüt auf anderes: die Frauen
gackerten und lachten wie Gänse. Es gab damals, und gibt
sie noch, drei Ruinen an der Nordseite. Die mittlere schien
mir »die böseste Festung«, weil sie auf dem höchsten Punkt
der Torwölbung zwei schöne, runde Öffnungen aufwies,
und heute noch aufweist: und von dort, falls der Mann
dort hinaufkletterte ... Ich wollte auf keinen Fall unter
dieser Torwölbung durchgehen: und ich brüllte, strampelte
wütend an gegen die Zugkraft des Kindermädchens. Das
sich keinerlei Mühe gab, mich zu »analysieren«.

* Der Mann mit dem Sack war der vermutliche Urheber der
  »Marmelade«.

Lombardisches Land

Ich entsinne mich, daß die Menschen zu Fuß gingen. Vor dem Fahrrad und dem Motorrad und dem Auto, in welchem wir uns mit Vergnügen, wenn auch nicht ohne gewisse Schwierigkeiten ausstrecken: vor dem Flugzeug, von dem aus diese Bilder der Ländereien und Dächer der Lombardei aufgenommen wurden.

Sie gingen nicht immer auf geraden Wegen, aber auf umsichtig geführten: und gelangten unaufdringlich ans Ziel: das war, nach dem Markt und dem Weg, der Innenhof des Gehöfts: bevölkert vom Nachwuchs der Schweine und der Menschen. Die Straßen führten zu den Sammelorten der Leute; zur Kirche im Dorf, das kein Radio hatte und bis zuletzt hinter den Bäumen des Flachlands verborgen blieb. In der Kirche trafen alle Feldarbeiter den unsichtbaren Gott.

Der Bauer mit den klobigen und genagelten Stiefeln schritt schwerfällig auf der ländlichen Straße: schweigsam, mit einem Goldringel im Ohr, im linken: die Joppe über der Schulter, und vor ihm trottete das Söhnchen. Zwischen zwei Dornenhecken oder zwei Reihen von Weiden oder hohen Pappeln, als sich noch der Bewässerungsgraben mit dem gehorsamen Rinnsal hinzog: das vertraute Gehen im Staub. Die Klarheit des Sommers wurde mehlig von den weißen Meilen, an deren Ziel die notwendigen und die feierlichen Dinge sich fanden, der Kauf, der Verkauf, die

Vielfalt der festlich gekleideten Wesen in dunklem Tuch, das stumme Gebet, die gesungene Messe: Von allen. Oder, nach langem Verweilen, tauchte die Sonnenscheibe hinab ins Gold und Karmin, hinter den Gerippen der Bäume, wie in eine Pfütze aus geschmolzenem Metall. Doch der First des Pappelwäldchens verbarg ihren letzten Heimgang: nur ein paar Goldbröckchen oder ein Tropfen vom fernen Feuer blieb und verharrte im verdüsterten Gewirr des Geästs.

Im Sommer jedoch entfärbte das Volk der Pappeln sich einhellig im Abend; die Kröten aus den Gräben, den Reisfeldern leierten inmitten der Stille den sanften Rosenkranz des Abends: mit behutsamem Schluchzen grüßte der Frosch, in langsamerer Folge, den Zephir des Hesperussterns, der verschwiegen erstrahlte. Über dem Gesims der Pappeln war er erschienen.

Gewiß, so ist es auch heute.

Die beackerte Ebene bleibt, in den Erscheinungen der Natur und der menschlichen Werke, geliebte und notwendige Mutter, Grundlage unseres Lebens. Seit den Jahrhunderten, derer wir nicht mehr gedenken, als die Zisterzienser aus Chiaravalle unterhalb der Heilquelle von Rovegnano als erste begannen, den Boden zu ebnen, die ersten Wasserkanäle zu graben, um die Quellen des sogenannten »Brunnengebiets« einzufangen, um sie an die Rieselwiesen zu verteilen und den Ertrag an Heu ins Vielfache zu steigern: und weiter und weiter zu den größten Werken der Kommune und des Großmuts der Visconti, zu den Konsortien und den Bewässerungsgebieten späterer Zeiten und bis zur unsrigen heute; welch zäher Fleiß! welch liebende Geduld! Die Herleitung des Naviglio Grande aus dem Ticino, des Naviglio di Pavia: dann die Kanäle der Martesana, des Villoresi.

Die Art unseres Landes ist genauestens dargestellt in den Ansichten, die vom Flugzeug aus aufgenommen werden: sie sagen, wie gut die Erde ist zu den Menschen, zeigen, wie still sie daliegt. Werke in Reih und Glied: für das Brot.

Die lombardische cascina* ist die erste juristische Einheit, die dem lombardischen Land aus einer den Menschen innewohnenden »Notwendigkeit« heraus aufgeprägt wurde: der Arbeit. Der Abstand von einer cascina zur nächsten ist vernünftig bemessen: wie die Arbeitskraft es bedingt: soviel, wie eine Bauernfamilie oder eine Gruppe von Familien, auf größerem Grund zusammengefaßt, zu leisten vermag. Und jedesmal, wenn wir Rauch aufsteigen sehen und dann die braunen Kuppen und das ferne Dach eines Gehöftes, da wird ein Traum wach im Gemüt: eine Idee von Kraft, von tätiger Weisheit, getreulich und ausdauernd das Notwendige verrichtend. Diese Wohnstatt ersten und armen Lebens, der schweigsamen Mühen taucht unvermittelt hinter den Weiden, den Pappeln aus dem zarten Grün beackerter Erde auf: in ihrer Zweckmäßigkeit und ihrem Frieden. Hier seht, das Quadrat, das euch erinnert (und in seiner Struktur offenbar davon herrührt) an das »praetorium« des alten »castrum« der Römer, an das Feldlager, das, nach Hannibals Abzug, die römisch gewordene Gallia Insubrica unterhielt. Auf einer Seite, und manchmal auch an der benachbarten, die Wohnhäuser der Pächter, fast alle zweistöckig, Erdgeschoß und Oberstock, selten ein dritter, der allenfalls als Speicher dient. Dann ist er zum Heustock oder Kornspeicher bestimmt: und das Dach hat manchmal weiträumige Luken zum Innenhof, die mit ihren Giebeln über die Linie der Regentraufen hinausreichen: die Traufe muß sich dann eine Unterbrechung gefallen las-

---

* ›cascina‹: Gehöft. (A. d. Ü.)

sen, so daß ein Flaschenzug, vor dem gefräßigen Maul der Luke, Heu- oder Strohballen, Säcke oder Holz in den Speicher, der ansonsten unzugänglich ist, hinaufschaffen kann; dort wird dann die Ernte gestapelt. Auf den anderen Seiten des Quadrats oder Rechtecks siehst du die Stallung und die eigentlichen Heuschober: innen aus einer Reihe von Pfeilbögen bestehend und von außen durchlüftet mittels durchbrochener Mauern aus roten Ziegeln, die jeweils nach dem Muster »eins voll, eins leer« versetzt sind, auch sie ein typischer roter Akzent in der typischen Bauart der cascina. In dem mittleren Raum ist Platz für die Tenne, festgetretener Boden und die Tränke fürs Vieh: und hin und wieder entdeckst du einen Ziehbrunnen. Manchmal, wenn der Raum sehr groß ist, dampfen die vollen Misthaufen, im Winter, doch befinden sie sich meist draußen, nahe den Feldern. Den Zugang zum großen Innenhof eröffnet ein Torbogen mit gepflastertem Weg, sofern es sich um ein von allen vier Seiten umbautes, dabei aber sehr weiträumiges Gehöft handelt. Andernfalls ist es nur ein Sträßchen, ein Gäßlein oder ein Durchlaß zum Land: dann ist der Hof mehr eine piazza, um die sich mehrere Wirtschaftsgebäude gruppieren. Da scharrt dann voller Umsicht die Glucke, die Mutter der liebreich im Kreise piepsenden Wollbäuschchen, und oft grunzt das Ferkel, beschwert von melancholischem Fett, mit seinem Korkenzieherschwänzchen und dem traurigen Rüssel.

Zuweilen ist die cascina wasserumflossen, von einen Graben umgeben: dann wölbt sich eine Brücke darüber, aus Ziegeln, vor dem Portal oder dem Torbogen. Das Wasser schließt einen weiten, vollkommenen Kreis um die Gemäuer des ländlichen Kastells, nachdem es den Tribut in die Rinnen der Rieselfelder abgegeben hat. Es gesteht sich selber noch dieses äußerste und zusätzliche Werk der Güte und Umsicht zu, nach allem anderem: als wolle es den Frieden und die Ruhestunden der Menschen beschützen, nachdem es bereits ihre Ernten vervielfacht hat. Die Gitter vor den Fenstern zu ebener Erde – aber nur wenige gibt es in den leicht feuchten Mauern – künden von Vorräten und Sicherheit. Drinnen siehst du im Geist die Familie, nach dem Tagwerk und dem Schweiß; und langsames Löffeln, das nottut und tröstet.

Von alters her liegt eine tiefe Vernunft über dem Land. Geometrisch die Ordnung, zielstrebig und gut die Werke, staunend das Volk der Pappeln, spiegelnd die Überflutung der Reisfelder: die der Abend mit Träumen, mit nichtigen Ängsten bleicht.

Bei den Reispflanzerinnen

Wir suchten den Verwalter des Bauernhofs, als zwischen einer Pappel und der anderen die Mädchen zum Vorschein kamen, eines hinter dem anderen, im Gänsemarsch in Richtung auf den Vorplatz. Mit breitrandigen Strohhüten, die aber einige abgenommen hatten und in der Hand hielten. Das ganze Bataillon der Reispflanzerinnen, heimkehrend vom Nachmittag im Reisfeld. Sie kamen auf uns zu, rasch, locker, barfuß, mit himmelblauen Blüschen: und so rot in den Gesichtern, daß ein Jungstier hätte wild werden können.

Heiß war ihnen, und ein paar von ihnen sangen noch, wie die ausdauernden Zikaden, die immer noch dem Chor nachzirpen, wenn der Tag sinkt und verlöscht. Jeweils nach acht oder zehn Mädchen kam ein Junge mit erdfarbenen Kniehosen, wie ein Begleiter: barfuß, auch er, natürlich: so ist nämlich das Verhältnis, im Reisfeld, zwischen Burschen und Frauen: zehn auf hundert. Verwandte oder Dorfgenossen einer Gruppe von Reispflanzerinnen folgen den wandernden Arbeiterinnen als Troß; es sind die Ärmsten: und sie sind nicht nur nützlich, weil sie es den Frauen in der Arbeit nachtun, sondern vor allem weil sie die Lebensgeister auffrischen durch diese brüderliche und männliche Anwesenheit in der fernen Verlassenheit der überfluteten Felder, den voneinander abgetrennten Vierecken zwischen Weiden und Pappeln.

Die Mädchen umringten mich und ich fragte einige, woher sie seien und anderes: und derweil beobachtete ich sie, suchte mir ihre Umstände, ihre Gemütslage vorzustellen. Sie schienen müde zu sein, vor allem die kleineren, aber nicht erschöpft. Die Haare, farblos blond oft, wurden mit der Hand gestrählt, indem sie den Kopf nach hinten legten, mit einem langen Aufatmen: saß etwa eine Strohfaser darin oder ein Grashalm, wie Zeichen der Erde, aus der sie kamen, von der sie lebten?

Ich senkte den Kopf, auch um der mächtigen und unbewußten Anspielung der Weiblichkeit zu entfliehen: Ich sah ihre breiten Füße mit den gespreizten Zehen, denen Schuhwerk unbekannt zu sein schien, fast wie erdige Pfoten: Spelzen und Streu waren daran festgeklebt: und an den Waden sah man, bis wohin sie im Schlamm gestanden.

Ich erkundigte mich bei einer Gruppenführerin, einer sanften kleinen Frau, die mir bis zur Jackentasche reichte, ob wir, ohne Unbequemlichkeit zu bereiten, den Schlafsaal sehen könnten. Sie stieg die Holzstiege hinauf, die dorthin führte: und alle hinterdrein, indem sie sich erheitert anstießen. Es war ein weiter Speicherraum mit Ziegelboden, sauber, der nach der Ernte als Kornspeicher dienen würde, wenn die Reisarbeiterinnen wieder verschwanden: nunmehr ausgefüllt mit Eisenbetten oder Gestellen, statt der früheren Strohsäcke. Zweimal die Woche Kreolin oder Lysoform. Zur gegenwärtigen Stunde ein Geruch nach Kleidern, gutartig und bäuerlich, weit weniger scharf als man ihn in gewissen Trambahnwagen oder Fahrstühlen der Stadt antrifft.

Eine zweite Gruppenanführerin, eine energische, lachende, redselige und stämmige Vierzigerin, kam mit flinker Zunge meinen stummen Fragen zuvor: Gedankenlesen auf dem Bauernhof.

Jene quadratischen braunfarbenen Kofferkästen mit dem Vorhängeschloß, ähnlich wie die Spinde der Soldaten in den Kasernen, waren Sonntagsgarderobe und Lebensmittelmagazin: – Sehen Sie hier, – sagte sie und öffnete einen Kasten – Flaschen mit Lambrusco ... weil manchmal, wenn man Heimweh nach Zuhause kriegt... das ist Kaffee: und die dort, die ist auch verrückt auf eine Tasse Kaffee ... Heut hab ich mir ein Mus gemacht, sehen Sie –: und zeigt mir den Bodensatz einer Pfanne.

Dann deckte die Anführerin, die eine reggiora* zu sein schien, ein Bett auf, kaum daß mein Auge nach Decken, Daunen, Leintüchern geforscht hatte. – Da sehen Sie, daß alles sauber ist ... und Reisstroh gibt es soviel wir wollen: jede von uns bringt ihren Sack mit, und hier dann, wird er eingefüllt ...

An den Nägeln, am Kopfende der Betten, hing das gewöhnliche Gewand: Röcke, Tücher, Kleider: und Ordnung herrschte in diesen armen Sachen. Im ganzen Schlafsaal sah man nur eine oder zwei ausgestreckt auf dem Bett: die hatten sich fehlgemeldet**, beeilte sich die Frau zu erklären: notwendigerweise, nicht aus Laune.

Es verwunderte mich, daß die Betten zumeist zu je zweien aneinandergerückt waren, wie Ehebetten. Die Mädchen hatten gern die Gesellschaft und Nähe einer Schwester, einer Freundin: vielleicht scheint ihnen so, im Bedarfsfall, eine Hilfe näher, oder sie wollen, jeweils zu zweit, den bösen Wolf vergraulen. ... Vor allem aber liegt der Grund bei den Leintüchern und im Wärmehaushalt. Weil es in den Familien zu Hause mehr Doppelleintücher gibt als einzelne,

---

* *reggiora*, die Herrscherin (der Familie): die Mutter in einer Art ackerbauendem Matriarchat: es ist die strenge »mater« der Lateiner. Lombardischer Dialekt »rejòra« mit französischem »j«.

** *fehlmelden*: Kasernenausdruck für »sich krankmelden«: Arztbesuch verlangen.

halten sie es auch hier brüderlich: teilen sich die Wärme-
lieferung: du bringst ein Leintuch und ich das andere.

Dann schworen sie mir hoch und heilig, daß um neun
Uhr alle im Bett liegen, daß keine über die Schranken
springt* oder erst um eins nachhaus kommt, um, nächtlicherweile, entlang der Weiden und der Gräben zu gehen,
wo die Grillen zirpen, wo die Frösche im Sumpfe quaken.
– Gewiß ... am Sonntag ... wir sind jung ... – sagten sie
– wir tanzen gern.

Und eine Ziehharmonika macht sie närrisch: sie tanzen
mit den Gefährtinnen, oder mit einem Jungen jener zehn
Prozent, die sie sich mitgebracht haben von Zuhaus wie
eine Erinnerung ans andere Geschlecht. Sie tanzen, die
kühnsten unter ihnen, die am meisten Glück haben, mit
einem Burschen aus dem nächsten Ort: sie fahren kilome-
terweit auf dem Fahrrad wegen eines Tanzes mit einem
Burschen: mit dem vom vorigen Jahr und dann mit dessen
Vetter, der noch sympathischer ist und grad erst vom Mi-
litärdienst zurück.

Wir sind zwanzig Jahre alt ... – sagten sie mir.

Du auch? ... – fragte ich eine kleine Blonde.

Nein, ich erst fünfzehn, aber ... ich kann auch schon
tanzen ... – und alle lachten.

Lebt wohl, Mädchen: – sagte ich – es tut mir leid, daß
ich nicht mit euch tanzen kann ... und ihr würdet mich
wohl auch nicht wollen. ...

Nein, nein! ... wir möchten ihn schon ... alle möchten
wir ihn!

Dann klatschten sie plötzlich alle Beifall, was mich ver-
legen machte. Das Händeklatschen im Halbdunkel des

---

* *Über die Schranken springen*: heimlich aus der Kaserne aus-
rücken nach dem Zapfenstreich: Soldatenausdruck.

Schlafsaals erlangte einen Klang unerklärlicher Bewegtheit
– Evviva! – riefen sie schließlich, als wollten sie mit diesem
Ruf ein langes Gespräch beschließen, das nicht in Worten
gehalten worden war. Sie waren barfuß, müde, fern von
daheim, nach einem Tag mit gebeugtem Rücken, im Wasser. Sie hatten uns Beifall geklatscht wegen des Interesses,
das wir für sie zeigten. Vielleicht hatten sie, aber gewiß
nicht alle von ihnen, uns für Gewerkschaftsinspektoren gehalten.

Dann, dorthin abgestiegen, wo Feuer unter den Töpfen
brannte, sah ich, wie die Mädchen aus Piacenza ihre Polenta mit Bohnen bereiten: eine Polenta, die stundenlang
gekocht wird, höchst schwierig zu erklären. Die aus Cremona, die Suppenesserinnen, verschmähen sie, und auch
die Fehde zwischen Reis und Hirse stirbt nicht aus. Die
Grundrationen werden daher je nach den Wünschen der
einzelnen Gruppen abgeändert, durch Sonderabmachungen
mit dem Dienstherrn: über welchselben, heutigentags, die
Autorität der Gewerkschaft wacht. Als Köchinnen werden
zwei oder drei Frauen von jeder Gruppe beordert: zum
Polentarühren oder um Holz zu spalten legt ein Mann
Hand an.

Ich sah sie wieder, tags darauf, im Reisfeld. Von fernher,
eine Linie, wie eine Abteilung, die zum Angriff schreitet,
mit gebeugtem Rücken.

So stark blendet der Widerschein, daß oft die großen
Strohhüte auf dem Wasser zu schwimmen scheinen. Dahin-
ter die Gruppenanführerinnen, aufrecht, und weiter hinten
der Dienstherr, der Verwalter des Gutes: mit den Gummi-
stiefeln, dem langen Kommandostab, mit dem er sich an
den Wällen stützt, selber noch sonnverbrannter und ver-
schwitzter als die Reispflanzerinnen. Diese Wälle aus Erde
sind drei Handbreit hoch, drei breit und schlüpfrig unterm

Tritt. Das Leben des Verwalters ist nicht geruhsam: er steht um vier auf, gibt um halb fünf die Anweisungen, ist um fünf auf dem Reisfeld. Die langen Stunden, die er dort steht, steif, als wolle er den Sonnenglast betrachten, haben seinen Blick seltsam gemacht: in einer milchigen Festgefrorenheit des Auges...

Der Feldhüter, die Stiefel, den Spaten in der Hand, richtet und repariert die langen Wälle*, die ein Überflutungsfeld vom anderen trennen. Er reguliert durch flinkgehauene Abflüsse, die er öffnet oder schließt, die Höhe und die Bewegung des Wasserstands. Diese Mündungen werden während des Wachstums der Pflänzchen nicht immer an gleicher Stelle geöffnet, damit der Abfluß die Erde nicht nur an einem Platz durchkältet. Vom Bewässerungsgraben, der hochgefüllt und langsam an den Wurzeln der Weiden, der Pappeln leckt, in die Felder, wird durch kleine Schleusen mit Granitstützen abgezweigt, was die Kanäle des Sesia herangeführt: Leben und Gewißheit quasi, die auf alle herabkommt, von hohem Ursprung.

Und der Wasserträger läuft umher, wie ein Junge des Gemito, mit seinem Fäßchen vor dem Bauch: entbietet das Wasser mit einem von den Frauen gespängelten Schöpfer, zapft es jeweils vom Fäßchen. Sie trinken, eine nach der anderen, unterbrechen das Pflanzen.** Die Röcke bis übers Knie geschürzt, zeigen einige von ihnen die nackten Beine;

* Erdwälle, vierzig bis achtzig Zentimeter hoch, je nach dem Niveau der Felder, die sie voneinander abtrennen.
** Die *mondine*, Reisjäterinnen (1936, Mai-Juni) jäteten damals nicht mehr die Felder vom Unkraut: sie verpflanzten vielmehr die in Saatfeldern gezogenen Reispflänzchen. Dies ist eine Umstellung in der Reiskultur, die sich in den Jahren 1910-1930 vollzogen hat.
Diese Art Reispflanzungen und also Gutshof, von denen hier

andere tragen Strümpfe, grau und naß, ohne Fuß, die nur
die Waden schützen vor dem schneidenden Reisgras: oder
vielleicht auch vor den Mücken. Der Strohhut schützt sie,
wie ein gütiger Schirm, vor der Sonne.

Tags zuvor waren die Reispflänzchen verteilt worden,
büschelweise, leuchtend-grüne Bäusche, übers ganze Feld,
das tadellos geglättet dalag: oder es lagen hier und dort
verteilt Haufen jener zarten Büschel, die von hochgelade-
nen Karren aus dem Saatfeld gebracht wurden. Nun er-
greifen die Frauen die Pflänzchen, eines nach dem anderen:
schreiten langsam vorwärts ohne je den Rücken zu strecken:
nachdem sie eine Höhlung ins nasse Erdreich gemacht haben, versenken sie mit Daumen und Zeigefinger die Wurzeln der Pflanze. – Gut einpflanzen, Mädchen! – schreit
der Patron. Sie stützen sich mit dem linken Ellbogen aufs
Knie, arbeiten nur mit der Rechten. Gehen langsam vorwärts, wie gebückt. Die Linie, die zuerst gerade war, zieht
sich auseinander, mit Buchtungen und Spitzen, je nach ver-
schiedenem Arbeitstempo.

Eine Gruppe versucht es der benachbarten gleichzutun
oder sie zu überholen: eine andre löst sich los, nach vorn:
und die Linie verliert ihre Kontinuität. Jene Gruppe will
als erste ankommen, um jeden Preis. Will in gleicher Zeit
doppelte Arbeit leisten: läßt den großen Haufen hinter sich,
man sieht sie nur noch von fern, allein im Feld, ein Fähn-
lein von Draufgängern. Der Dienstherr schreit, daß er's
nicht so will, daß ihm nur an einem liegt: an ordentlicher
Arbeit. Aber jene da vorn, berauscht von ihrem Singen,

die Rede ist und die der Autor im späten Frühjahr 1936
(Mai-Juni) besuchte, sind in der Gegend der Lomellina sehr
häufig: wenige Kilometer von Mortara: und gehören zum
Bewässerungsbereich des Kanals, der vom Sesia abzweigt.

sind taub. Der Gesang, ein wenig näselnd, wird vom Wind hergetragen oder verweht über dem riesigen Viereck des Reisfelds.

Der Gesang verändert sich leicht, aber Brot bleibt Brot, Wein bleibt Wein.* Manchmal lebt jedoch eine alte Weise von früher wieder auf, wie ein Erinnern, wie der Faden in der Zündschnur, der zu Ende geht, sich plötzlich am neuen Ende entzündet. Im Gesang lebt ihr Daheim wieder auf, die Mutter, und der Ausdruck eines lebendigen Stolzes**, der aus harten Jahren und Tagen auf sie gekommen ist: des Schicksals Herr zu werden.

Die Worte ihres Gesangs sind arm und stehen ihnen zu: so auch werden, wenn die arme Mitgift beisammen ist, die Liebe und die Söhne kommen.

* Das heißt, die Lieder singen sie zwar deutlich: aber hin und wieder schaltet sich die Stimme des Dienstherrn dazwischen, um schon im voraus einen Vers zu zensurieren, der sich mit der Wohlanständigkeit nicht vereinbaren ließe. Er kennt das ganze Repertoire des Singsangs in- und auswendig und beim ersten Wort des Singsangs Nr. 54 kann er bereits protestieren: »Das da will ich nicht hören!«

** Wohlgemerkt: Die alten Lieder kehren wieder beim Singen der neuen Schlager. Und die alten waren rührselig und traurig: einige sprachen vom Heimweh nach der fernen Mutter. Und die neuen sind so dreist. Sie sind die Bekräftigung einer Vitalität, die der Erde gewiß neue Söhne schenken wird.

Die Reise der Gewässer

Entsprungen waren sie an den Wurzeln der Alpen und hatten deren Farben bewahrt: grau, vielleicht auch azur. Meistens aus einsamen Quellen, fast unvermutbar im sachten Abfall zur Ebene: aus den Brunnen der Bergstufen, aus denen sie unvermittelt und still hervortraten.

Kalte Wasseradern: und der Spiegel dieser plötzlichen Fülle wurde gekrönt von üppigem Wuchs wasserfreundlicher Pflanzen, von dichtem, glänzendem Grün, umdüstert von Einsamkeit. Wenn die Wasser das Kieselgut und, wie manche sagen, den opalen Edelstein gewaschen haben, der sich im Dunkel birgt, quellen sie aus ihren Becken, aus ihren unterirdischen Gängen hervor, wie der Maulwurf hervorkommt, der geduldige, blinde Bergmann: denn die Wasser wollen sich im Himmel wiedererkennen und vielleicht in der Wolke, gleich jener, die vor Tag und Zeit in den leeren, eisigen Höhen auf dem Berge vermocht hatte, sie hervorzubringen. Sie wollten auf diese Weise der rosigen Seglerin im Azur beistehen, ihr helfen, ihre Farben im Himmel zu vergeuden, zwischen den Türmen, den Pappeln: die heimatlichen Landstriche zu kolorieren. Da ahnte ich übrigens, dem Frater Giocondo ärgerlich zu sein, dem so bedeutenden Architekten, der, als gerade der Krieg von Cambrai gegen San Marco begann, diesen Graben aushob (ich inspizierte ihn von außen), zur Versorgung der Stadt Treviso. Die Leute des Bartolomeo d'Alviano

wollten mit ihren Pferden freie Bahn haben für die
Schlacht und den Übergang: um sich schlagen zu lassen
bei Agnadello von dem Heer, das die Adda drei Tage
zuvor überschritten hatte; um, als Zeit und Glück sich
gewendet hatten, bei den Pappeln des Lambro auf die siegreichen Haufen von Marignano zu stoßen; um dem aller-
christlichsten König beizustehen, und seinem Trivulzio,
gegen das Anbranden der Schweizer und der Truppen
der Sforza im heißen Geklirr der Waffen. Und Treviso
war, gegen die Kaiserlichen und Teutschen, ganz auf sich
selber gestellt. Nach wenigen Spatenstichen fürs große
Werk stieß Frater Giocondo, wie sie ihn nannten, der aber
Giovanni di Verona hieß, auf dies Wasser unter den Hak-
ken der Menschen: da hielt er ein, grub nur wenige Ellen
vom viel größer Geplanten aus, und ließ zum großen Trost
aller die üppigen Wasser des Botteniga einschwemmen;
eisige Wasser, von starrem Opal. Die Quellgründe, auf
die die Erdarbeiter nach halbem Werk gestoßen waren,
wurden stillschweigend überschwemmt durch die Überfülle
der neuen Flut, zum Schutz des Vaterlandes.

Heute kommt, in dem trockenen und grasbewachsenen
Stück der Stadtgräben unterhalb der Mauern und Tore,
von denen ein so wunderbarer Zauber ausgeht, als hätte
ein Zorzi oder Ariost oder ein Dosso ihr Bild erfunden,
eine Quelle am Fuß des äußersten Steilhangs hervor, nur
soviel, als für den Kessel genügt: Mädchen holen dort
Wasser, wenn es auf den Mittag zugeht, gebeugt, mit herrlichen Armen: und zu anderer Stunde und anderer Tätigkeit mühen sich die tüchtigen Wäscherinnen.

Viele Wasser in den Gebieten von Treviso und Padua
kommen aus diesen geheimnisvollen Quellbrunnen. Aber
andere kennen wir (oh, wir kennen sie!), die rauh und trüb
aus den Tälern der Alpen hervorbrechen, wie der graue

Bottichfluß der Brenta unter der Brücke bei Bassano. Wir kennen sie, kennen sie wohl: »zwischen den Brunnen der Brenta und der Piave«! Gegen sie haben der Etrusker und der Venetier und der Prokonsul gekämpft und selbst die Barbaren: daher die hohen Dämme, welche Flüsse zu Kanälen erniedrigen.

Einige flossen zusammen zu einem einzigen Lauf, und eine einzige Brücke genügte, damals, oder eine Barke, um überzusetzen. Aber die Romeische Pilgerstraße, die, nach den seichten Fischlöchern und Senken der Mèsola, zum Po gelangte, fand dort gewißlich weder Brücke noch Furt: und es brauchte eine Fähre: der Fährmann legt an, dort, seht, unterm überlasteten Zugseil, mit harten Schlammwülsten an den Rudern, er hat sich am stämmigen Pfahlwerk festgehakt. Gedrängt zwischen den Uferwällen des Taglio und des Porto Viro, fließt der richtige Fluß zwischen den fernen Schleiern der Nebel hinab, um seinen langen, mühsamen Lauf zu beenden, um zu verstranden in einem müden Delta, am Meer. Und seine Nebenflüsse begleiten ihn.

Jahrhunderte um Jahrhunderte waren dahingeflossen mit diesen Flüssen.

Und im ganzen Gebiet nördlich des Eridano, zu alten Zeiten, so dachte ich, noch weitere Dämme, über der braunen Weite der gepflügten Erde: verteidigt wurde sie, in den guten Zeiten, vor den Verwüstungen der gewalttätigen Hochwasser. Die Wachposten auf den nächtlichen Verschanzungen mit fernen Lampen im Schrecken der Nacht: »die Paduaner, die Brenta entlang!« Im Labyrinth und Gewirr der Gerinnsel waren die Wege aus den Alpen, aus den dunklen Tälern, im nassen Transport des Gerölls versickert: wie der Ansturm und die Gier des Barbaren zuletzt im Ränkespiel des Proprätors. Und die schreckenerregenden Völker verirrten sich, eines Tags, obgleich sie doch vor dem Wehrturm nicht den Mut hatten sinken lassen, und nicht vor den düstern Bastionen der Alpen. So also traten ihnen am Scheideweg der Vaterländer und der verzweigten Schicksale in den Feldern »ad Vercellas«, also an der Gabelung, eines Tages Lutatius, der Prokonsul, und Marius, der Konsul entgegen: und das Heer des Konsuls vernichtete sie.

IN einer Neigung, die nicht einmal dem Topographen feststellbar wäre, vielleicht dem Landvermesser, paßt sich diese von der Herbstsonne vergoldete Mark der Niederung des adriatischen Meeres an, der Helle der Lagunen. Das leise Murmeln der Strömungen, an den Wurzeln der Pappeln, der Weiden, erfüllt sie wie ein nobler Gedanke: Sanftmut, die zwischen dem Gold und dem Gelb und durch die hexenhaften Schatten der höchsten Bäume dahinfließt: oder unter den hängenden Mähnen der Weiden, die die Wasserader beleckt und zärtlich ihr äußerstes Gefranse mit sich nimmt auf den Weg, wohin es ihr gern folgen würde, Wolken und Türme spiegelnd. Hier, seht: schon verbreitern sich die Wasserläufe zu den Küsten und zum Türkis der Adria hin, der Trägerin bunter Segel: wenn sie ihre krokusfarbenen Dreiecke verdoppeln und vervielfachen, um draußen, im offenen Meer in fischreichem Wasser zur Ruhe zu kommen.

Hier hätte Thales von Milet seine von der Feuchte der Erde durchdrungene Betrachtung wiederaufnehmen müssen, nachdem er den artigen Knoten wiedergesehen, mit dem »Sile und Cagnan sich umschlingen«. Wo das Element, das er für das Urprinzip der Natur hielt – und Erzeugerin aller Dinge des Alls –, an den Wurzeln unseres Lebens, unseres Träumens und Erkennens, kreist und lebt. Hier sich wiederfinden, das staunenswerte Geflecht dieses Lebens durchdringend, in der unendlich vielfältigen Allgegenwart des Denkens. Dieses Fließen ist Gesetz: ist Eigenart der Sanftmut: ist Absicht und Praxis eines einvernehmlichen Zusammenlebens: Disziplin des Beständigen, des Nützlichen, der weisen Analyse, die dem jähen Aufheulen der Täler aufgezwungen wird. Draußen, vor dem unmenschlichen Grau der Alpen, ist ein Mathema entstanden.

Hier könnte er sich erneut vergewissern, in seinem langsamen Gang, zwischen diesen spiegelnden Kanälen, den Ufern, den Wassergräben und den steilen Stürzen der Gießröhren über den Schaufeln der geschwärzten Räder: deren langsames und tropfendes Drehen zwischen den Algen und dem grünen Pflanzenschleim des verschimmelnden Wassers (mit denen sich die Mühlräder behängen) ein chirurgisches Gerät zu sein scheint, das von der Veroneser Industrie mit Zechinen erworben wurde: aufgestellt, um ihren Herzschlag zu erkennen, gegen diese andrängenden Venen der Venetia.

Sie spiegeln Hainbuchen und Türme und Wolken, und den Himmel!, die der Zorzi von Castelfranco in ahnungsvollem Bleigrau verdüstert hatte, zerfetzt in dem todbringenden Licht des Blitzschlags: in seinem Gemälde vom Gewitter, wo er die am Bach säugende Zigeunerin darstellte: und drüben, den wandernden Schritt des Jünglings. Der winzige Graben des Bacchiglione trennt die beiden Gestalten der Jugend, wie eine seltsame Silbe des Unmöglichen. Zorzi hat die Frau nackt dargestellt, mit dem Kind, im Grase sitzend zwischen grünem Schilf über der klaren Durchsichtigkeit des Bacchiglione, draußen vor den Häusern und dem Kastell, in Vicenza.

Hierher, von Castelfranco, ist im Jahrhundert aller Erleuchtung und Wissenschaften, der Graf gekommen, um hier zu leben: inmitten der neuen Errungenschaften der Naturwissenschaften und der Pflege der unvergänglichen Literatur und der Rechte. Jacopo Francesco Riccati. Um, am Ufer des fließenden Schweigens von Botteniga, das erhabene Werk der neuen Mathematik zu ersinnen und zu erschaffen. Briefe wechselte er mit Leibniz und den beiden Bernoulli, und war von ihnen aufs höchste geschätzt. Dem Zar Peter lehnte er ab, der Einladung zu folgen, der kaiserlichen Akademie der Wissenschaften vorzustehen. Verbreiter der Infinitesimalrechnung unter den Gelehrten Italiens, schuf er die Gleichung, die heute noch seinen Namen trägt. Und er beschäftigte sich mit der Wasserführung und mit den neuen Gesetzen der theoretischen Hydraulik. Und war der Vater des zweiten Riccati, des Vincenzo, der als Jüngling Aufnahme fand in den Orden der Jesuiten und später im Kollegium in Bologna als Mathematiker lehrte.

In seinen reiferen Jahren erhielt Vincenzo vom Kirchenstaat den Auftrag, die Flußregelungsarbeiten im Bologneser Gebiet zu überwachen: und dann im venetianischen Staat desgleichen, an jenen anderen Flüssen, auf dem jenseitigen Ufer des Po; als Ratsmitglied der zuständigen Wassermagistraturen. So besorgte er die Dämme des Reno, des Po, der Etsch, der Brenta. Und baute neue Brücken, und neue Wassergänge; und Kanäle durch die Ländereien. Die Ländereien, die so niedrig liegen, daß der Wasserspiegel im Laufgraben höher liegt als die sonnenbeschienenen Felder, als die einsame Straße im Mittag: wie im Battiglione-Kanal zwischen Monsélice und Padua. So hoch mußte man die Deiche hinaufziehen über die Äcker, daß Barken und Kähne, wenn wir sie von unten erblicken, jenseits des Deiches, uns erscheinen, als hingen sie überm Horizont, zögen dahin in einem magischen Trugbild.

Hier begibt sich, dreigeteilt vor den Mauern, der Botteniga (bei Dante heißt er Cagnano) in seinen hochgefüllten Rinnen und Gräben hinein in die Stadt und unter die Brükken, fast mit Venedigs Farben und Formen, nur daß das Wasser nicht stillsteht. Düster wird er, schwärzlich wie dunkler Malachit. Er wirft sich in die steinernen Gleitbahnen, wie eine gläserne Klinge auf dem verborgnen Profil gleitend, das Algebra und Analyse ihm erdachten und das die Wasser (seine eignen) langsam, mit den Jahren, ausschliffen. Eine Gedenktafel in gutem Latein, am oberen Ende der schwungvollsten aller Brücken erinnert an die Vorsorgemaßnahmen des Girolamo Pesaro, »pretor veneto«, nach der katastrophalen Überschwemmung von 1512: als der Piave (Plabes fluvius) ins Flußbett des kleineren Cagnano einbrach: und dessen Überfülle die umliegenden Ländereien überschwemmte und dann die Stadt selbst: »insueto atque prodigioso incremento Butinacam amnem influxit, urbem invasit, pontem subvertit«. Daher, zum Abschluß des Epigraphs, ein Wortspiel, inspiriert vom Sprichwort »de minimis non curat praetor«. [xx]

Ein halb heiteres Spiel: des lebhaften Idioms und des Brauchtums.

AM Ufer des grünen Sile: die Farben und das Laub und die bezaubernden Spiegelungen des Herbstes.

Auf dem schwarzen, von Schimmel befallenen Floß wrangen und würgten die knieenden Wäscherinnen ihre Laken und Hemden: breitbeckig, mit mächtigen Armen, waren sie grimmig am siegreichen Werk der Läuterung. Schaum und Lauge und flüchtige opalene Seifenblasen rannen dahin auf der Strömung, geradlinig, nach kurzem Wirbeln, liebkosten die zungenförmigen Spitzen der Algen, der auftauchenden grünen Schlangen. Jenseits des Flußes die venetianische »Villa«, mit römischen Pinien; und unter ihrem Schatten die Bögen oder Grotten oder besinnlichen Kavernen, ein Aufscheinen heller Göttlichkeiten: aus modischem Stein, geadelt durch den alten Biß der Moose und Flechten, der Krätze der Wälder.

Und ein Korb von purpurnen Blumen vor der Front und der Kontur des Bauwerks, und die gelben und mürbgrünen Farben des Herbstes: wie in einem Bild von De Pisis.

Die Wasser füllen die Wölbungen aus weißem Stein, die gierige Mündung, dunkel, unter der Dienstfertigkeit der Brücken. Gegen die sinkende Stunde steht die gesittete Architektur der »Villa«, drüben, hinter der scharlachnen Laube: graue Front und Giebelfeld in neuklassischer Zeichnung. Falltore aus braunem Kastanienholz an den Schleusen, zwischen rauhen Pfeilern aus Granit. Und es sprudelt das zugemessene Wasser daraus, für den Pächter und für den Schmied, wie ein vielhundertjähriges Recht es vorschreibt. Und jenseits dieser Einrichtungen und Werke: die Weiden und immer noch die Wäscherinnen, fern ihr Haar, ihre Brüste, wie ein verlorenes Leuchten.

Und an den Mauern der Häuser der rauchschwarze Vorsprung der Kamine aus dem sechzehnten Jahrhundert. Der Feigenbaum und der Granatapfel neigen sich gegen die Ufer: und Blätter sinken leise, eins ums andere, Flügel des Schweigens, auf den fließenden Spiegel des Herbstes.

Mondnacht

Eine Idee: eine Idee entsteht mitnichten an den mühseli-
gen Werkplätzen, während die pfeifenden Getriebe der
Taten die Dinge in Dinge verwandeln und die Arbeit voll
ist von Schweiß und Staub. Dann fernste Goldschimmer
und ein Saphir am Himmel: wie zitternde Wimpern über
barmherzigem Blick. Der immer wachen wird, auch wenn
wir ruhen. Das Pochen des Lebens scheint sich vom Unbehagen zu einem stürzenden Lauf hinabreißen zu lassen. Die
Mildtätigkeit des Abends hat uns gesäubert: und wir gehen
dorthin, wo uns jemand erwartet*, auf daß unser Glück

---

* »Wir gehen dorthin, wo uns jemand erwartet.« Man beachte
den hypernoetischen Charakter des Satzes. »Jemand« (Italienisch: »alcuno«, A. d. Ü.) ist sexuell unbestimmt (uneindeu-
tig), denn es trifft für beide Hypothesen der Galanterie zu:
für den Mann, der von der Frau erwartet wird, für die Frau,
die vom Mann erwartet wird. Es bestehen noch weitere Hypothesen und Anlässe für Seminare und Lockrufe des Herzens
als die allgemein vorherrschenden: so könnte uns jemand gleichen Geschlechtes erwarten zu einer mit Angst besetzten Arbeit in der Nacht: zum Spiel, zum Gedankenaustausch, zum
Betrug oder um einen Einbruch auszuhecken oder durchzu-
führen. Gegenüber neugierigen oder ahnungslosen Dritten,
Vierten oder gegenüber Spitzeln möge also unser heimlicher
Hang zu jener offiziellen Uneindeutigkeit des »Jemand« als
sub noctem gelten.

seinen Lauf nehme und keiner es behindere.* Denn dann müssen wir ruhen.

Glänzende Magnolien spiegelten das Licht der ersten zitternden Gemmen am Himmel: aber die Schatten, inmitten aller Pflanzen, wurden schwarz. Die Menge der Pflanzen schien sich zur Andacht zu sammeln, als wollten sie, des beschlossenen Tages wegen Dank sagen: DEM der die Ereignisse vorgezeichnet hat, das Schwarz der Berge in der finsteren Unendlichkeit der Nacht. Die hohen Bäume, tiefer in Nacht getaucht, gedachten dessen zuerst. Dann die Sträucher und die jungen Bäume, die noch Gefährten der Kräuter sind, ihren bestrickenden Duft atmen: und die dichten Gräser und Büschel mit geschwellten Blüten und all den Stielen im Gemisch der sprossenden Baumsaat wiederholten den Gedanken, den die Großen zuerst hervorgebracht.

* »... und keiner es behindere«. Keiner aus der Menge derer, die die Berechtigung haben, ein Vetum auszusprechen oder (anderen) das Diktat des Gesetzes aufzuzwingen: Väter, Pädagogen, Polizisten, Feuerwehrleute, Kinderschwestern, Lehrer, Priester, Philosophen, Schwiegermütter, Wachoffiziere, Finanzwachen, *Ad-hoc*-Streittrupps oder -Kommandos, verschiedenste Moralisten etc. pp. oder gar der Gouverneur von Maracaibo. Und so läßt sich der Bergamasker Bursche, nachdem er das Bettuch in Streifen geschnitten hat, bei nachtschlafender Zeit aus seinem Fenster herab, um mit Garibaldi zu ziehen, »damit sein Abenteuer freien Lauf nehme«. Ein anderer hingegen klettert oder schlängelt sich an Eisen und Regenrinnen hinauf bis zum Fensterchen der Angebeteten; und auf dem Weg nach oben riskiert er nicht weniger seinen Hals als der Anhänger Garibaldis auf dem Weg nach unten. Zuwider handeln sie beide den donnernden Verboten und Verweigerungen des Vaters, des Predigers, des Gouverneurs und des strafenden Zeus. »Allem was die Eltern sagen, widerspricht das volle Herz« (Deutsch im Original, A. d. Ü.).

Nicht möglich schien es, die wunderbare Einheit dieses Erkennens zu brechen, das reine und stumme Staunen des gemeinsamen Gebets. Diese Naturen erfüllten gänzlich und immer ihr Gesetz, lebten in sich als Darstellerinnen eines einzigen Gesetzes: das ihr einziges Leben ist.

Der Wind eilte, in Stößen, herbei von den Graten und den schwarzen Schluchten der Berge, wo ein Tosen in der Tiefe wohnt.* Ließ dem Lauf die Zügel schießen ins Offene, wo, mit langem Atem, hier und dort die Tannen atmen: oder die Buchen mit dem wirren Gewurzel. So erfährt man alles von den Entfernten, auch ihre Schmerzen.

Manche Blätter schienen Majolika aus den Gärten eines Orient und die süßen, vergänglichen Sterne spiegelten darinnen ihr Abbild. Im Duft und in der fleischigen Blässe einiger Blütenkronen war seltsames und trauriges Sehnen, eine Verwirrung, erst unbemerkt, dann Angst und dumpfe Sucht: brach aus in heftiges, wildes Übel. Und da beschwichtigte dieses Übel jede Erinnerung und entfremdete ihr die Idee. Zerlegte den Bau des vorgeordneten Wollens.** Löschte die alten Normen, die Weisungen, die man auf dem bereits verlorenen Weg gesammelt, wie reine Blumen, von Kindern gepflückt. Und so ziehen wir unserer Zukunft entgegen: ohne zu wissen ihren Sinn und ihre

---

  * »Wo ein Tosen in der Tiefe wohnt.« Die Gebirgsbäche erfüllen die steilen Abgründe des Tals mit einem Ton, der aus der Tiefe hervorbricht. Typisches Kennzeichen der Alpentäler. Ein solcher Ton ist die dumpfe Seele eines jeden Tales.

** »Zerlegte den Bau des vorgeordneten Wollens.« Die Bedrängnisse und die Beunruhigungen durch die Liebe entreißen uns dem Studium der Philosophen und den guten Vorsätzen, die die erbauliche Lektüre in unserem Gemüt reifen ließ. So wird jeder Vorsatz, jedes strenge Programm des festen Willens durcheinandergebracht.

Zahl. Manchmal betrachten wir, zu müde oder in Angst verloren, die fernen Zeichen der Nacht. Aus Jahrhunderten sind die Türme gekeimt. Bleiche Engel, opalisierende Gebilde aus Mondlicht entstiegen den Gipfeln der Pappeln mit gefalteten Händen, um Gott die Abendgebete darzubringen. Doch nun hoben sie sich vereinzelt ab, ohne Botschaft, gescheitert ihre irdische Landung, wie das Segel des Alvise, das nutzlos zur Rückkehr gespannt, um die Sinnlosigkeit zu überwinden.

Eine Trompete befahl den Soldaten zurückzukehren, sich anzuziehen, sich niederzulegen: jedes Wort, jedes Spiel, jeden Schritt oder späten Gedanken zu unterbrechen: oder ein Raunen, dem die Nacht vielleicht verstattet hätte, zu verweilen. Jene Trompete, die das Dunkel zerriß, sagte an, daß überall hindringe und gälte: der Befehl: der Befehl der Oberen. Von allen wurde sie gehört, doch nicht alle gehorchten ihr. Einige verzögerten sich in der Nacht, deren Schatten es nicht erlauben, die Vogelfreien auszumachen.

Andere wachten, denn nicht immer ist es möglich, nachts zu ruhen. (Jahrelang hatte man Getöse von den Bergen gehört, wie langen Donner, unbesänftigt. Auf der schwarzen Bastion der Hochebene zuckte die Wipfellinie der Tannenwälder von Funken.* In den Städten litten darunter die Türme, geschwärzt in der Finsternis.)

* »Zuckte die Wipfellinie der Tannenwälder von Funken.« Von Vicenza aus schien in den dunklen Nächten (Mai-Juni 1916) die ganze Rückseite unseres letzten Stützpunktes geschmückt von Funken (Explosionen) des Sperrfeuers, mit dem der Feind sich bemühte, Italien Nachschub und Versorgung abzuschneiden. Grat und Steilabfall nach Astico in der Hochebene der Sette Comuni, am Mittag stark von der Sonne verbrannt, überragten den schwarzen Saum der Tannenwälder, die die ganze blutende Hochebene bedeckten. Dieser manieristische

Nun nicht mehr. Die Würfel der Häuser und der Villen erschienen weiß und klar: durch eine tiefe Sanftheit, die, so schien's, in der heiteren Erde lag. Von den östlichen Hügeln mußte gewiß ein Märchenschiff kommen, mit seinen Wolkensegeln, mit Zirruswolken, die ihm über Deck und Wanten wölkten. Eine Sirene gellte dazwischen, entfernte sich über die Landstraße. Aus der Nähe erkannte man die Villen mit ihren dunklen und weiten Dächern*, überragt vom warmen Gemäuer des Turms.** Weiß und hoch in der hellen Nacht, wie ein Fels, von dem aus man das ganze Land rings umher überblickt. Oh, Traum eines Gedichts! – und große Hunde und Doggen, die, wenn man vorbeigeht, auf der anderen Seite der Tore, oder in sonstwelchen Unterkünften angekettet und ans Halsband gelegt, knurren.

In den prallen Gärten erahnte man die Umrisse lieblicher Ornamente und Stühle, wo der Mensch es sich bequem machen und die Seele am Morgen sich laben könnte. Im tiefsten Schweigen der Berge und der Dinge oder in der Imagination der wie in einem Wirbel entfachten Begierde der Waldgötter und der nackten, flüchtigen Scham der Nereiden, dort mitten in den Schatten und Büschen plätschert unentwegt ein Wasser, oder es tröpfelt mit einem ihm

»Ort« muß als eine wechselseitige Verunreinigung des Varesino, der Brianza und des Vicentino betrachtet werden.

* »Dunkle und weite Dächer.« Wer von außerhalb auf diese Seite der Alpen kommt, den beeindruckt die kleinste Neigung der Abdachung, wie wenn es ein charakteristischer Zug der Gegend wäre.

** »Das warme Gemäuer des Turms.« An Sommerabenden und -nächten bleiben die zum Sonnenuntergang hin gerichteten Mauern warm von der gespeicherten Wärme, so daß sie bei Berührung Wesen scheinen, die eine Aufgabe erfüllen, natürliche Gegenstände, in denen Leben steckt.

eigenen Glucksen aus einer Art Gebirgsdusche oder Höhle herab. Die ansehnlichen Kunstwerke aus Speckstein, die schon angegriffen waren von edlem Moder und Verwitterung: sie waren wie Geliebte auf dem Weg zu einem Abenteuer im Schatten der Nacht.

Welch feines Gefühl, welch süße Imagination, die die Besitzer der mysteriösen Gärten dazu drängt, deren dumpfen Duft mit lebendigen Träumen zu bevölkern! Ein religiöses Gemurmel begleitet den Atem der Nacht: und gewiß wird den Besitzern der eine – und manch anderer – Gedanke in den Sinn kommen. Bisweilen nehmen sie Gäste auf: die haben die Meere befahren und die Länder bereist und suchen hier nun Ruhe; und sie wollen dieses warme, dieses tiefe Aufatmen in sich einsaugen.

Zu dieser Stunde waren die Pferde müde. Die Eisenbahn, solides Handwerk, durchteilte schnurgerade die Ebene und die Geleise glänzten silbrig in einer Vorahnung des Mondes: dann verschwanden sie unter dem schwarzen, sehr solid gebauten, oben verrauchten Bogen im Berg. Man hörte keinen Zug kommen, wie es normal ist, wenn sie im Dunkeln heranrollen. Das Schrankenwärterhäuschen war vollständig verschlossen, die Schranken mit ihrem Gegengewicht pflichtvergessen und faul hochgezogen. Ein Weg, der von der Straße her kam, kreuzte die Schienen. Er überquerte mit gut gemachten Brückenbogen ein träge dahinfließendes Gewässer, das von Pappeln eingefaßt wurde. Parallel zur Eisenbahntrasse überquert eine weitere Brücke aus grauem, rechteckig geschnittenem Stein die Straße. Man möchte meinen, sie habe keine Brüstung. Es ist eine Kanalbrücke. Hier fließt ein stilles grünes Gewässer: einige Tropfen dringen durch, tröpfeln vom Gewölbe und machen den Straßenstaub zu Schlamm. Wenn die Jugendlichen aus den nahen Landhäusern auf ihren Fahrrädern zu jenem Gewölbe der

Kanalbrücke kommen, dann verlangsamen sie ihre Fahrt dort ein wenig, allein schon um für einen verschwindenden Augenblick die erfrischende Kühle zu genießen, wie auch, um die Begleiter – und die hübschen Begleiterinnen – nicht mit dem Schlamm zu bespritzen. Ein Mädchen, das einen kühlen Spritzer am Hals abbekommen hat, stößt einen spitzen Schrei aus. Dann lachen alle und entfernen sich gemeinsam.

Abends kommen hier andere Radfahrer und Fußgänger ohne anzuhalten, durch; sie kehren heim von der Arbeit und sind in der Regel nachlässig und nicht einheitlich gekleidet; und ein wenig erschöpfte Mädchen mit zusammengebundenen Haaren, die aus den Fabriken strömen. Es gibt leider keine einheitliche regionale Kleidung: in grün, schwarz oder orangerot wie der Sonnenuntergang: kein Korsett oder Überrock mit Blumenmuster, keine Hosenträger breit wie Schulterhalter, keine Feder, kein Flaum vom Berghuhn oder Fasan oder anderem geschätzten Federvieh, das vom Meisterschuß des Trägers erlegt wurde; auch kein Kurzdegen mit Perlmuttknauf; weder Gefieder großer Ehrerbietung noch eine Klinge wie für eine bizarre Wache noch Halsketten in Filigranarbeit noch Schnallen, Stiefel, Umhang, Mantel oder Schärpe, die irgendwelche Dinge aus Spanien oder die Volksfeste Tirols darstellen, oder sonstwelche Größe oder Volksbräuche, wie in den Theatern.

Einige haben weite Hosen aus Flanell* an, der beinah ein roher Samt scheint, Hosen, die dann an den Knöcheln eng werden: andre dagegen kurze Hosen mit Bändeln oder Mutters gut gemachten Wollstrümpfen. Sie flitzen los auf ihren Fahrrädern, den Kopf vorgebeugt, wie wenn sie

---

* »Weite Hosen aus Flanell usw...«. Typisch für die Bergarbeiter aus dem Bergamasco und dem Veneto (1910-1930). »Bergamino« heißt der junge Bergarbeiter im Jargon.

dächten: »Um so schlimmer für den, dem ich vor den Bauch knalle.« Diejenigen, die zu Fuß gehen, tragen auf der Schulter eine ärmliche Jacke und schwitzen sogar noch am Abend, durstige Bergarbeiter, die die alten Felsen brechen. Die Hände der einen sind gelb oder erdfarben und auf der Innenseite voller Hornhaut. Die Hände der anderen sind gerötet, wie wenn ihnen eine Säure die Haut der Handflächen ablöste: das ist der Kalk, das ist der Stein. Die Färber haben wegen der Wirkung des Chlors, die Wurstmacherlehrlinge wegen der des Salzes geschwollene Hände, die ununterbrochen an der Handfläche schwitzen. In einigen ausgetrockneten, gebräunten Gesichtern ist zwischen den Bartstoppeln auf den Falten der noch nicht pensionsfähigen Haut der eine oder andere Kalkspritzer zurückgeblieben: weißes Muttermal. Die Schlosser, Mechaniker und Fahrer tragen bisweilen Overalls aus bläulichem Stoff, der aber dann vom Ruß und stark verölten Feilspänen eingeschwärzt wurde: ihr Gesicht ist noch finsterer als das der Meister. Aber es ist weniger ausgedörrt, und es wird einem klar, daß es nach der Reinigung runder sein könnte. Gesellen sind von den Gerüsten und den Loren herabgestiegen, das Gesicht vollkommen eingeweißt vom Gipsstaub wie Pierrot im fahlen Licht des Mondes, wie mehlüberstäubte Müller. Selten trifft man einen übergewichtigen oder pausbäckigen Maurer. Bei den Halbwüchsigen beeindruckt, wen auch immer man anschaut, die Länge und Größe des Unterarms und des Handgelenks, verglichen mit dem noch schwächlichen Brustkorb. Manch einer hat ein Hemd an: es ist blau, rot, grau oder gestreift – mit Löchern. Wenn der Kragen Knöpfe hat, so fehlt fast immer einer. Die – seltenen – Hosenträger stellen sich zumeist als alt und durchgeschwitzt heraus oder sie sind zerknittert und skrofulös und auf recht komplizierte Weise mit Faden und

Stoffresten zurechtgeflickt, wodurch die Beziehungen mit
den verbliebenen Knöpfen sich eher kompliziert gestalten.
Ein anderer jedoch, fast wohlhabend oder vielleicht einer,
mit dem Fortuna es besonders gut meint, besitzt breite Hosenträger aus Gummi*, die straff sitzen wie eine zum Schuß
gespannte Zwille: sie pflegen bei der schweißtreibenden und
kraftvollen Anstrengung der Arbeit in jedem Augenblick
jeder Bewegung des Oberkörpers zu folgen.

Große Schuhe! Die Maurer und Landarbeiter tragen sie,
mit genagelten Absätzen und Sohlen: schrill kreischen sie
gegen Pflaster und Steine; der eine oder andere Nagel geht
unterwegs verloren und macht den Radfahrern ein Loch in
die Reifen. Denn es begibt sich, daß ein jeder unterwegs
einen Zeugen seines Wegs und seines Seins hinterläßt und
das noch nicht einmal bemerkt. Gute Schuhe, und manchmal auch weniger gute oder gar abgenutzte: und wenn die
Sohle abgelaufen ist, dann ersetzt ein Stück Leder, was in
der Sohle fehlt. Die Mechaniker haben Turnschuhe wie die
Radrennfahrer, leicht und beweglich wie Pantoffeln, aber
mit einer Art Lederriemchen zugeschnürt. Anderen fehlt
der Fersenteil: man erkennt, daß ihr Schuhwerk zu Beginn, schön glänzend, die angenehmen Erfordernisse sonn-
täglicher Betätigungen im Höhepunkt des Volksfestes oder
beim Glanz des Tanzes erfüllen mußte. Später dann, so wie
der Werktag dem Sonntag folgt, haben ihre großen Füße
mit den groben Muskeln beim Angehen und Bewältigen
der Arbeit die ursprüngliche Eleganz der Umhüllung rui-

* »Besitzt breite Hosenträger aus Gummi usw. usw.«. Teure
  Hosenträger aus Gummi, wie sie von Radsportlern und Me-
  chanikern verwendet werden (1910-1930). Sie scheinen den
  Bewegungen und Anstrengungen, d. h. den Erfordernissen
  und den direkten Impulsen der Muskeln des gesamten Oberkörpers besser zu folgen.

niert. Der Absatz ist auf ein Nichts zusammengeschrumpft, und an der Stelle des kleinen Zehs hat sich das Oberleder von der Sohle gelöst, wie ein Leistenbruch des fleischigen Fußes.

Frauen und Mädchen kommen vorbei. Und zuweilen drehen sich nach einer von ihnen die Männer und jungen Burschen um, murmeln sich zu: was sie denken, oder was sie meinen, sich wünschen zu sollen. Sie gehen weiter und lachen, beim Umdrehen stolpert der Frechste. Zuweilen wirft einer einen Blick, der von einem Mädchen schüchtern erwidert wird; und dann hegt der Betreffende, wiewohl er weitergeht, so etwas wie eine Hoffnung und süßen Trost nach den Stunden der Anstrengung. Ein Automobil hat ihn wie ein Geschoß in voller Fahrt überholt, fast hat es den Gehenden gestreift. Es läßt ihn verstummen und bedeckt ihn mit Staub: er achtet nicht darauf. Wenn die geduldigen und starken Seelen von einer plötzlichen Zuneigung oder einer blitzartigen Verwirrung der Sinne ergriffen werden, dann achten sie nicht auf den Straßenstaub und das wütende Hupen. Ihrem Schritt blieb der Sprung des Frosches aus dem Straßengraben in den Straßenstaub, sein Losschnellen und sein fettes Landen, verborgen: wie auch alle anderen unbedeutenden Ereignisse, die ihrem immer gleichen Gang irgendwelche Sonderheit oder Erschwernis verschaffen könnten.

Plan von Mailand. Zierde der Paläste

DIE UNLUST sagte eines Tages zum SCHLECHTEN GESCHMACK:
»Laß uns eine Stadt bauen, wo wir nach Belieben schalten
und walten können. Dort wirst du König sein und ich die
Königin.«

Gesagt, getan. Sie errichteten einige Schulen für Baumeister: schufen einen Magistrat*, der dafür sorgte, daß auf
jeden Plan oder Entwurf, den jene Baumeister vorlegten,
ein Siegellack geprägt wurde. Was die Baumeister betrifft,
so zeigte man deren Müttern, während sie sie noch austru-
gen, Kamele und Kängeruhs und Giraffen.

Nachdem sie einige Monate später zur Welt und einige
Jahre später zur Baumeisterei gekommen waren und das
Diplom erlangt hatten, errichteten diese Baumeister in jener Stadt der UNLUST eine große Zahl von sechs- und sieben-
stöckigen Häusern: bei welchselbigen man feststellen kann,
daß sie teils etwas Giraffenhaftes, teils etwas Kamelhaftes
haben: und auch ein wenig Dromedarisches. Königin UNLUST
konnte es kaum fassen vor Freude und König SCHLECHTER
GESCHMACK meinte, ein fester gegründetes Reich und treuere
Diener habe es noch niemals auf der Welt gegeben.

Und um ihre, schon übergroße, Macht noch fester zu ver-

---

* Ein Magistrat = eine Magistratur: z. B. der ›Magistrat der
Gewässer‹ der Signoria in Venedig. Lateinisch: magistratus.

wurzeln, wurde, im gemeinsamen Einvernehmen zwischen dem König SCHLECHTER GESCHMACK und seiner Gemahlin, der Königin UNLUST, folgender Erlaß beschlossen: erstens: alle Bäume, die über fünf Jahre alt sind, werden zu Kleinholz zerhackt; zweitens: keiner der Plätze sei quadratisch oder rund, sondern alle scheps; drittens: der Sechziggradwinkel, der Neunziggradwinkel und ihre Halbierungen werden aus den Plänen verbannt, ebenso jede Aneinanderreihung oder Geradlinigkeit; viertens: kein Haus sei von gleicher Höhe wie das benachbarte, vor allem nicht auf den neuen Plätzen und in den neuen Straßen; fünftens: überall seien fensterlose, getünchte Seitenmauern hervorzukehren, um somit der urbanisierten Stadt ihre »architektonische Physiognomie« zu verleihen; sechstens: die Dächer seien aufs Geratewohl und mit beliebigem Material auszustatten: mit Töpfen und Kaminhauben, Tortenstücken, Fischerangeln, verrosteten Blitzableitern, alles in wissenschaftlicher Perspektive aufgereiht.

Kein Architekt wurde je studienhalber nach Pisa, Rom, Siena, Florenz oder Perugia entsandt, noch zu den Bauten der verrufenen Anjou und Normannen oder der noch verrufeneren Visconti, noch zur Signoria von Venedig oder nach Vicenza, um Palladio anzuschauen: alle kannten als einzigen und alleinigen Gegenstand der Verehrung nichts als die grundlegende Baumeisterei, deren Giraffen zum »exemplum« und verbindlichen Kanon für alle Konstrukteure jener glücklichen Stadt wurden.

Die läppischsten Emporen, die wasserköpfigsten Giebelfelder an den Kirchen, die mühseligste Ausschußware und die ärgsten Fehlgeburten der Dromedare, die das Jahrhundert je erblickte – sie wurden hoch in Ehren gehalten wie anderswo Baldassar Peruzzi oder Antonio di Sangallo: die Mauern, mit Schäbigkeit getüncht, fensterlos die Flanken;

50

das Hoch und Niedrig, das Vor und Hinter, das Zielen und Danebenschießen, und vor allem das »Dreifuffzig« und das »Zwoachtzig« und das »ah! So ist das! Hätt ich nie gedacht!«

Und sie fabrizierten auch einige Dromedare mit drei Höckern, zum ewigen Ruhm der fleißigen Stadt. Alles dort war derartig lustlos, daß die Königin dem König vorschlug, einen Ritterorden zu gründen, um die langweiligsten und farblosesten Architekten des Königreichs und die langohrigsten Esel der Baumeisterschule auszuzeichnen, als leuchtendes Beispiel für die übrigen.

So wurde also der RR-Orden geschaffen, das heißt der Orden des Rationellen Rechtecks, wobei die höchste der fünf Ordensklassen, das GROSSE BRÜH-BIBBER-BAND* war, die niederste das »Ritterkreuz des Zwoachtzig«.

Dennoch, trotz des großen Eifers der Königin, findet man in gewissen Bezirken der Stadt noch Aufsässige; sogar in den unvermutetsten Winkeln: sie leben im engsten Kontakt mit dem Feind und der Feind, auf sie bauend, versperrt dem Hausherrn die Tür.

Wer ist der Feind? Wer seine Streitkräfte: Ich würde sagen: die Wahrheiten der Natur, die einfachen und ständigen Bedürfnisse der menschlichen Wesen: sie verleihen der Stadt der UNLUST trotz allem den zauberhaften Klang des Lebens, halten den Kreislauf der Lebensgefühle in Gang: dieses Pochen gesunden Blutes und gesunden Verstandes, das immer noch durch die grauen Straßen pulst, unangefochten von den Hindernissen, die von den rationalen Baumeistern errichtet werden.

---

* »Brüh-Bibber«, das heißt brühheiß (im Sommer) und zum Bibbern (im Winter): typischer Zustand in vielen rationellen Häusern, die bereits 4-5 Jahre nach dem Bau heruntergekommen sind.

Farben, Formen, Bilder der Natur und der Gewerbe haben in die umgürtete Hochburg einzudringen vermocht. Nährmittel und Stoffe, Kohlköpfe und Klepper.

Hühner und Dampfturbinen, Tomaten und Korkenzieher.

Gute, altmodische Betten, gute Gummibänder, Mauern aus den alten Ziegelsteinen und die alte Peitsche über, ach, den Kruppen der Rösser. Das ist der Feind.

Und dort, wo er die Goldmakrelen und die Seezungen aufgereiht hat, die Felchen und Forellen, wo die Hechte nach Luft schnappen, die Langusten, die Aale, wo in gemeinschaftlichem Geschlinge die Tintenfische und die Sepien im Saft ihrer Tarnfarbe in Agonie liegen, dort entfesselt sich die Köstlichkeit des Meeres (oder der Seen oder Flüsse), welche die Streitkräfte des SCHLECHTEN GESCHMACKS und der UNLUST in die Flucht schlägt: in unsrem Gemüt entzünden sich, auf dem Weg durch die Nüstern, Phantasien von Flüssen, von Brunnen und von Brausen, und von tropfenden Chören der Tritonen und Nereiden mit ihrem endlosen Schweif aus allen erdenklichen frischesten und saftigsten Fischen, aus allen erdenklichen Salzen und Sümpfen*; und schelmisch das Schlagen der Flossen, das sie mit ihrem köstlichen Schweif aufführen.

Und dort, wo sie auf den Marmortheken liegen oder in den Geschäften aufgeknüpft sind, die Hähnchen, die teuren, die Hühnchen, Truthennen, Perlhühner und silbrigen Fasane, oder Amseln oder Bekassinen, bereits merkbar auf bestem Weg, mürbe zu werden, da spürst du, wie dir die Unlust verfliegt, wie durch einen Windstoß davongetragen, und stattdessen Buchenhain und Wald oder eine Pappel-

---

* . . . »in liquentibus stagnis marique vasto« . . .: so bei Catull, *Carmina*, 31. --- *in den hellen gewässern und dem Orean...*

allee am Ticino oder sanft vernebelte Reisfelder dir ent-
gegenkommen: wo in raschelnder Furcht die Schnepfe flieht
oder du den Jagdhund vorschleichen siehst, bebend und
durchnäßt, mit hochgehobener Pfote: und wie er anhält
und wittert und sich aufrichtet: und du hörst Stiefeltritte
im Sumpf schmatzen und die morgendlichen Flintenschüsse,
siehst ein Wölkchen, kaum wahrnehmbar, im Schwanken
des Schilfs.

Und wo dann das Geschrei des Malers* zu hören ist, die
Hand am Mund: »Hundert Gramm zehn Lire, hundert
Gramm zehn Lire!«, wo der Verkaufskarren an einer Ecke
abgestellt wird, überquellend vor Wirsing und Sellerie: da
vergessen wir jedweden Baumeister. O doch, das Bild der
Früchte, von der Natur hervorgebracht, ist rebellisch genug
gegen alle Gesetze der UNLUST. Daraus preß' dir einen Saft.

Und ein Gewinde von Kastanien aus Cuneo bereitet den
Passanten Freude und festliche Stimmung: die trockene
Sterilität des Kreml** könnte solche Gefühle niemals auf-
kommen lassen.

* Diesem Artikel war im *L'Ambrosiano* vom 7. Januar 1936
eine Zeichnung von Angelo Del Bon beigegeben. Sie stellte
einen Gemüsehändler mit Karren dar, der auf die Passanten
einschreit.

** In der Città degli Studî erhebt sich, nahe dem Nuovo Poli-
tecnico, ein ziemlich theatralisches, spitziges, dolomitisches
Gebäude, das jedoch vor allem außerordentlich läppisch ist;
im Volksmund wird es Kreml genannt.
Es kostete Millionen: und wurde mit den Millionen eines
großzügigen lombardischen Spenders errichtet; dieser hinterließ das Geld, daß damit eine experimentelle Schule für
Kohlechemie gebaut werde. Die Milaneser Baumeister dach-
ten, Kohlechemie meine wohl jene unzugänglichen Gesteins-
massen und jene zwei merowingischen Spitztürme. Die Che-

miemillionen verflüchtigten sich in den Schmuck der Spitztürme, für die innere Ausstattung der Schule, also für den
eigentlichen Zweck, blieb nichts mehr übrig: und so kam man
also zu dem Schluß, den Kreml, so gut es ging, zu vermieten,
damit wenigstens die Kosten für die Instandhaltung (sic!)
hereinkämen – und für das Gift gegen Mäuse und Ratten, die
in Scharen in dem Gebäude hausten. Gesagt, getan: das ver-
rückte Kastell füllte sich mit einer Vielzahl männlicher und
weiblicher Gelegenheitsmieter (russische Flüchtlinge, Levan-
tiner mit Baskenmütze, Griechen aus Smyrna, das von Atatürk
zurückerobert war, ukrainische Juden, polnische Violinisten,
Neu-Ungarn, auf die Scheidung wartend, Teppichhändler
etc.), die in ihren Schlafzimmern Eier brieten und im Turnus
in die wenigen Aborte kackten, die zur Verfügung standen:
und hin und wieder machten sie auch der Regia Questura
(dem Polizeipräsidium, A. d. Ü.) ein wenig Arbeit – als ob die
dort nicht schon genug zu tun hätten.
Der Autor kam einmal in das Gebäude, um einen Freund zu
besuchen, der im fünften Stock wohnte: und er trat mit einem
gewissen geistigen Unbehagen ein. Im Treppenhaus die Lampen verschwunden, eine Concierge gab es nicht, der Freund
fror vor Kälte, trotz Heizung. Die rationalen Fenster des
allerrationalsten Zimmers sagten zum Mailänder Winter:
»Ach, du bist da? Nimm doch Platz hier!« Oh, die Millionen
des großzügigen Spenders!

Unser Haus verändert sich: und der
Mieter muß es ertragen

Das Haus der Menschen verändert sich. Unser Haus heute
ist nicht mehr das gleiche wie vor dreißig Jahren. Die
Gründe? Technische Gründe, wirtschaftliche Gründe: mo-
ralische Gründe würde ich ganz und gar ausschließen. Das
neunzehnte Jahrhundert hatte die »poutrelles« eingeführt,
die in Italien jedoch selten waren bis zum neuen Jahrhundert: aber die Mauern und die Dächer waren noch nach
alter Weise angeordnet: Grundmauern, tragende Struktu-
ren, Dach: Pfeiler und Gewölbe: Kalkmörtel, Mauern aus
Ziegel oder Stein und Dachziegel. Die letzten Jahrzehnte
haben die Bautechnik »revolutioniert«, und damit auch die
Struktur des Hauses. Zu dieser Revolution, die ich als unvermeidbar bezeichnen möchte, also zu der durch zwingende
technische und wirtschaftliche Beweggründe auferlegten
Revolution, gesellt sich jedoch die Revolution, die ich unnütz
oder gar unsinnig nennen möchte und die uns in vielen Fällen beschert worden ist: vom Draufgängertum der Neuerer
coûte que coûte, vom unbedachten Gottvaterspielen der
schulbubenhaften Reißbrettler: jawohl: geistige Reife von
Vierzehnjährigen. Nachdem sie als unerträglichen Ballast
alles ins Meer gekippt haben, was an Bauerfahrung und
altem Handwerk (im toskanischen Sinn von Fachkenntnis:
und von Berufsstand) da war, und die gesamte Fähigkeit,

die Dinge zu begreifen und auszuführen, eine Fähigkeit, die aus der Umsicht und dem geistigen Scharfsinn der Vergangenheit bestand, hat man manchmal geglaubt, die Ordnung der Welt und der Jahrhunderte verleugnen und von vorn anfangen zu können, mit ganz neuen Vernunftgründen: die sich aber, schließlich, als die von Vierzehnjährigen erwiesen: während die 77 Prozent an Vernunftgründen und physischen Motiven der Welt die gleichen geblieben sind: Schwerkraft, Klima, Sonne, Schnee, Regen, Wind, Abzugsröhren, Trinkwasser, Mücken, Typhus, Bronchitis, Schnupfen, Schwangerschaft, Ruhe.

Die Revolution, die ich unvermeidbar nannte, hat den Bewohnern der neuen Häuser Vorteile gebracht, aber auch Nachteile.

Die neue Technik der Stahlträger, der Hohlziegelmauern mit Eisenbeton, die Abschaffung des Daches, das mit teuren und schweren Schieferplatten oder gebrannten Ziegeln gedeckt ist, die Verwendung von Stützpfeilern im weichen Erdreich, all das hat eine billige erdbebensichere Bauweise gestattet, oder doch, im allgemeinen, eine statisch vertretbare bei gleichen Kosten: oder gar mit geringeren Kosten. Der syntaktisch-einheitliche Charakter der Struktur, sofern die Belastungen auf den Grundpfeilern richtig verteilt sind und die Arbeiten ordentlich und mit technischer Sorgfalt ausgeführt werden, verringert, bei gleicher Widerstandskraft, die Gesamtkosten des Gebäudes. (Aber die Sorgfalt ist nicht immer vorhanden und dies bewirkt, wie die Chronik von Jahr zu Jahr aufzeigen kann, den Ruin der Zementbauten). Jedenfalls liegen hierin die Vorteile. Der Nachteile hingegen sind viele, und der Unzuträglichkeiten.

Der Mauer aus Hohlziegeln oder »Lochziegeln«, wie man's nennen will, fehlt es an »Masse«, also an Beharrungsvermögen. Der allergewöhnlichste Rüttler, ein Stoß,

56

eine Erschütterung setzt sich fort in Decken und Fußböden, in Säulen und Gebälk, das Auf- und Niederziehen der Rollläden im dritten Stock läßt die ganze Wand erbeben bis hinauf zum siebten. Aber vor allem liegt der Nachteil im Wärmehaushalt. Die Zimmer kühlen aus und erhitzen sich mit den Veränderungen der Außentemperatur im Verlauf des Tages: der Sonnenaufgang wird durch die Dämlichkeit der Hohlziegel vom östlichen Mieter wahrgenommen, die bestialische Herrschaft der Sommersonne um sechzehn Uhr achtzehn vom Mieter im Westen erlitten: durch die Unfähigkeit der Hohlziegel, der schutzlosen Agonie und dem türkischen Schweiß entgegenzuwirken.

Dritter und bedeutendster Nachteil ist der akustische. Das Haus birgt uns *auch* zum Behufe der notwendigen, der belebenden Ruhe: jener Ruhe, welche einem die Energieprotze scheinbar als von Gott verfluchte Praktik vorzuwerfen scheinen, während sie sich selber heimlich eine dreifache Portion davon zugestehen, sobald sich's ermöglichen läßt: wie der Emir Mustafa, der die Türsteher anwies, die Lichter im Palast von Bagdad brennen zu lassen bis zum ersten Morgenlicht, damit die paar städtischen Vagabunden ihn auch nach der neunten Stunde für einen »schlaflosen Geist« halten sollten, der über das Geschick des Landes wache. Das Haus schützt uns, verteidigt uns und muß uns verteidigen, im Geborgenen, »gegen den Verschleiß des modernen Lebens«. Die Ruhe, der Schlaf sind dem, der arbeitet, dem, der tätig ist, so notwendig wie die Nahrung und wie die Luft zum Atmen: jedem, der in der Mühsal des Lebens oder in der Rage, dem Tartarus die Seele streitig zu machen, Minute um Minute schonungslos sein neuro-enzephalisches System einsetzt: Rückenmark und Gehirn. Darum also: das Haus von heute, das reformierte Haus, das transformierte Haus ist ohnmächtig gegenüber der Aufgabe, die Bewohner und ihre Nerven zu bewahren und zu verteidigen vor dem besagten unzumutbaren Verschleiß. Die Struktur aus Eisenbeton, aus Hohlziegeln, vor allem in den »Spannflächen« (Zwischendecken), dröhnt wie ein gespanntes Trommelfell beim kleinsten Knopf, der auf den Boden rollt. Rohbau aus eisenbewehrten Hohlziegeln bedeutet dies: »ich muß, ob ich will oder nicht, mein Ohr leihen allen Geräuschen des Hauses, allen Noten und Silben des Mietsblocks.«

Die Freunde aus Florenz kichern: »Leihst du es?« Meine Seelenruhe ist, anderen Freunden zufolge, kostbar. Ist sie vielleicht in Gefahr? Ich wohnte im dritten Stock einer Mietskaserne von acht Stockwerken, mit 128 »Mietsfamilien« am Viale Madagascar Nr. 2024, Aufgang D. Man riet mir zu Wachskügelchen: sie nisten sich so weich in die Höhlen der Ohren! Sie lassen sich so leicht wieder aus dem Nest holen, so reinlich wieder benutzen! Halten zwei Monate. »Du sagst, Geräusche? Du darfst nicht hinhören: Höre nicht hin! Wenn das Wachs drin ist, hörst du nichts. Warum hörst du denn hin? Wenn du hinhörst...«. »... höre ich alles: von allen«. Sie lachen. »Was hörst du?« »Ich höre das Leben der Mietsfamilie, vielmehr das der italienischen Familie, multipliziert mit 128. Das dynamische Leben, das höre ich, das sitzende Leben, das stehende Leben, das Leben im Pantoffelschlurf, das Leben mit Stöckeln, das Leben in Holzpantinen, das Leben mit Opern und Ziehharmonika, das Leben bei der Meinungsbildung, das Leben im Streit; das physiologische Leben, das pathologische Leben, die Disziplinlosigkeit des Unvorhergesehenen, die Praxis des Unabdingbaren.«* Von draußen erreichte mich in der Sylvesternacht die Knallerei: um nur vom Auftakt zu

---

* *Des Unabdingbaren:* des Unvermeidlichen.

reden: und von drinnen schrillstes Gewimmer. Und in gewissen anderen Nächten, oder an den Tagen, das Gerenne
und das plötzliche und fürchterliche Aufheulen, das Schar-
ren des Schäferhundes, der allein im Haus ist, der hoch-
springt und wieder zurückfällt: weil er nämlich Kegel spielt,
ganz allein, mit einem Stein, in Erwartung, eingeliefert zu
werden: ins Santa Maria della Pietà. Seine nicht gerade seltenen Volltreffer geben mir, am Viale Madagascar, die Gewißheit, daß der Hund des Menschen Freund ist: besonders wenn er blöd ist, der Mensch.

Ich hörte den achtzigjährigen Hauptmann und Kommiß-
brotmagazinverwalter a. D. mit mehrfacher Tapferkeits-
auszeichnung: ich höre ihn von 24 Uhr bis 4 Uhr seinen
ganzen Vorrat an Katarrh ausspucken, der sich geduldig
in den Bronchien während der lauten Stunden angesammelt
hatte. Die Ärzte behaupten, es sei ein chronischer Katarrh,
und also behandeln sie ihn nicht, weil nichts mehr zu machen ist.

Und ich horchte auf den unerschrockenen Holzwurm in
einem Nachtkästchen, das ich heute noch aus Nußholz ver-
mute, so hart und kurz waren in der Nacht seine Kork-
zieherzüge. Oder: manchmal schreckte ich plötzlich hoch.
Ein Schlagen ... es war die Wohnungstür der Diva. Für
gewöhnlich kam sie betrunken nachhaus. Sie ließ ihre Lau-
nen an der Tür aus. Sie schimpfte mit einem Portrait von
Garibaldi, dem Helden beider Welten. Und schon zankte
sie sich mit dem Papagei Zack, der sich seinerseits durch
ein spezielles Delirium, ein hebephrenes Syndrom herr-
schaftlich auszeichnete: im Alter von nur 93 Jahren. Sie
will ihn im ersten Frühlicht dazu zwingen, White-Label zu
schlucken, ein Vorgang, der ihr, ungeachtet des Schwipses,
vorzüglich gelingt: er aber will nichts davon wissen: er
möchte ein Erdnüßchen. Sie wird dann wütend und schreit

ihm plötzlich in ein Auge: »Blödkopf!« Und er antwortet,
vor Zorn gurgelnd: »Rroja!«*

Der Geheimrat vom fünften erwies mir jedoch die große
Gefälligkeit ... Fleckchenpantoffeln zu benutzen, sogenannte Belluneser. Aber er hatte die Schwäche, jede Nacht
einen Knopf zu verlieren, genau um Mitternacht. Ein Kü-
gelchen aus trockenem Holz oder aus Bein. Ich war grad
eingeschlummert. Der runde Knopf weckte mich schlag-
artig, hört überhaupt nicht mehr auf, zu kollern. Scheint
doch kaum möglich, daß ein runder Knopf eine Stunde
lang rollen kann in einem Zimmer von drei mal vier, am
Viale Madagascar 2024. Das moderne Haus, das transformierte Haus gibt mir die Garantie: »Es ist möglich!« Und
die Anzeige, allmorgendlich, singt das Lob des Hauses:
»AAAAA Aussichtsterrasse, Dachwohnung mit Panorama-
blick«, als ob die weiten Terrassen ein Verdienstorden
seien, vom Architekten in genialer Weise geschaffen und,
flugs, dem Mietshaus an die Brust geheftet. Sie sind genau
so weit wie die Überdachung der darunterliegenden Lokali-
täten es erfordert. Weit sind sie, sicher: aber nur, weil es
nicht anders ging. Im Januar kannst du darauf bestimmt
nicht zu Mittag speisen: im Juli ... ich garantiere dir den
Sonnenstich, auf den die Enkel nur warten, die Erben mit
den aufgerissenen Mäulern. Was das Panorama betrifft,
zugegeben: der Anblick des Soracte ist zehntausend im Monat wert: »Vides ut alta stet nive candidum Soracte«. Von
den Fenstern des Madagascar aus sehe ich in den Nebeln
der Ferne den Amiata, den kamelfarbenen Höcker des zin-
noberreichen Amiata. Tausend Lire pro Monat: ein honetter
Preis. Die Vorstellung von Gebirgsluft: wenn im transfor-
mierten Haus gerade die Luft des Madagascar nicht unbe-

---

* ›Troia‹: Hure. (A. d. Ü.)

dingt auf der Höhe des Heute, des großen Heute ist. Die
sanitären Anlagen sind die Schuldigen für die ungesunde
Luft. Die Lüftungen für die Abzugsröhren hat man vergessen. Die Architekten hielten sie für überflüssig. Stinkige
Küchen, mit dem Sammelgestank der Mietsparteien, sozu-
sagen zwischenhäuslicher Gestank.

AUF dem dritten Stock des Aufgangs D gewahrte ich jeden Dienstag und Freitag, anhand des Labyrinths der Abzugsröhren, die man »zusammengelegt« hat, welche Fisch-
sorte die Frau des Professors gebacken hatte. Der Profes-
sor war der Fußpfleger des Viertels. Nun, nun, um die Vorzüge und Fehler des reformierten Hauses zu werten, des
Hauses von heute, genügt es nicht, die Anlage in Betracht
zu ziehen oder die Probleme der Struktur, der Disposition,
der Exposition, der Materialverwendung. Man muß auch
die »Qualität« der Benutzer beachten, also der Mieter.
Sprechen wir nicht von den extremen Fällen: von sozial
nicht genügend vorbereiteten Personen für das Bewohnen,
das Bewohnen des lieben Heims, Leute, die nichts von den
Carabinieri halten und von denen die Carabinieri noch weniger halten. Abgesehen von den Extremfällen, kann das
Leben sehr ungemütlich, wenn nicht schwierig, werden,
auch in einem annehmbaren Haus, wo du eine annehmbare
Miete zahlst: und zwar, würde ich sagen, aufgrund derer,
die dort wohnen. Die Annahme, daß eine gewisse Zahl von
Einwohnern ein Dorf bildet, eine Stadt, ein Stadtviertel, ein
Mietshaus oder eine Mietskaserne, römisch auch »palazzo«
genannt (128 Familien), eine »palazzina« (42 Familien),
eine Mehrfamilienvilla (28 Familien) ist abstrakt, ist eine
schäbig zahlenmäßige Wertung, trist einwohneramtlich.
Am Viale Madagascar konnte ich mich, ob meiner Mitbe-

wohner und ihrer Hausangestellten, in der Regel nur glücklich schätzen. Manchmal können jedoch die Ungehobeltheit, die auf den Kopf gestellte Vorstellung vom Recht des Einzelnen, der Geist der Gewalttätigkeit und des Betrugs auch in die heilige und geheiligte Klause des Rechts des anderen eindringen. Kann die vier Treppen hinauf- und heruntersteigen, sich in die 128 Wohnungen einschleichen.

Am Viale Madagascar gab es einen Kerl, einen Wahnsinnigen, der mir jeden Morgen um neun auf meinen Balkon das Spülwasser, mit dem er »seinen« Balkon säuberte, herabregnen ließ. Es war dies »sein« Morgengruß. Auf »seinem« Balkon hielt er »seinen« Hund, der mit allen Menschenrechten bewaffnet war, also denen seines Herrn. Schüttweise kam diese schöne Brühe auf meine zarten Unterhemden: ein Guß, eine wäßrige Emulsion der verschiedenfarbigen und verschieden stinkenden hündischen »Äußerungen« der Nacht. Es war nicht möglich, von der modernen Gesellschaft, für das moderne Haus, in der Hauptstadt eines modernen Staates, zu erreichen, daß der dungreiche Regen eingestellt werde. Der Hund war in »seinem« vollen Recht: ich meine, sich zu »äußern«. Keiner kann dem Hund gebieten, sich nicht zu »äußern«. Wenden Sie sich an die Hausverwaltung. Die Hausverwaltung hat ihren Sitz in Kopenhagen. Ich kam zu dem Schluß, daß der Kerl ein Düngerfabrikant sei, dabei sehr tierliebend: sehr, sehr tierliebend! Und daß das Recht ein schöner Schmarren ist: und der Regengott Zeus ein Schwätzer, ein Hanswurst und ein Schweinskerl.

An der Mailänder Börse

»Zum Palazzo degli Affari!« befahl ich dem Taxifahrer: dreimal hintereinander war die Ampel rot, guter Gott, was für eine häßliche Farbe, und blockierte uns vor den einheimischsten Heiligen, männlichen und weiblichen, rund um den Nabel der Stadt: aber ich langte trotzdem rechtzeitig an, um meinen Börsenmakler am Ärmel zu fassen, den »cavalier« Aristide Bilancioni, als er gerade, mit schwarzen Hochglanzschuhen, zum Angriff auf die Treppe des Palazzo degli Affari ansetzte. Ich bin ihm seltsam zugetan. Die paar hundert Lire, die ich in den Azur hinaufdampfen sah, jedesmal, wenn ich beschloß, mich seiner Fähigkeiten zu bedienen, hielt ich immer für eine so natürliche Sache, daß ich sie immer auf der »Sollseite« in der doppelten Buchführung meiner Dankbarkeit notierte. Wenn ich ihn über die Geheimnisse der Zukunft befrage, wiegt er gewichtig den Kopf und schenkt mir gleich darauf einen weichen und treuen Blick: und ein Schnurrbartpaar hat er!: aus dem man, ich zumindest, alle nötigen Prognosen mit größter Leichtigkeit ablesen kann. Um dann (innerhalb weniger Tage) mit mathematischer Sicherheit die wenigen Lire zu verlieren, die ich eben manchmal verliere.

EINMAL in das Reich des Geschreis eingetreten, können wir uns nicht mehr verständigen. Kaum daß die Drehtür sich unserer entledigt hatte, erhob ich, mit dröhnenden Ohren, die Seele zur Tafel der Quotierungen: wo in den Kästchen, weiß oder rot, leuchtende Zahlen rannten und wechselten, flink wie Eidechsen. Das übliche Pandämonium war gerade auf seinem Höhepunkt: »... catíni! ... catíni! ...« Dieser paroxistische Wortschwanz, Name eines Heilbads, der in seiner Gänze nicht durchdrang, sprang plötzlich auf als drohender Widerschrei, Angebot, Nachfrage, um den Höllenlärm zu beherrschen. Ein Tollwütiger hätte kein schrilleres Geschrei veranstaltet.

Schon liefen die elektrischen Zahlen von links nach rechts auf den Tafeln, wie die Pferdchen einer automatischen Rennbahn, verfolgt von den Zucker-Aktien auf der Zeile darunter. In mehr als einer der Reihen, rechts weiß, Höchstwert, und im mittleren Weißfeld, Letztpreis, stiegen sie, von Minute zu Minute, gleichbleibend: die Abfolge der grünen, sinkende Preise, und der roten, steigenden, gerieten durcheinander in polychromem Schillern, von einem Moment zum anderen, je nach dem »erreichten Preis« des angebotenen oder verlangten Titels, aber immer gebrüllt.

Die Textilien neigten jedoch dazu, einzuschlafen, auf ihren Positionen sitzenzubleiben: sie haben sich an jenem Vormittag seltsam verhalten: ziemlich mürrisch, in ehrbar nachdenklicher Zurückhaltung. »Sie sind nur Mauerblümchen«, sagte jemand hinter meinem Rücken. So daß der Wirtschaftsredakteur des *L'Ambrosiano* sich ihrer bereits um zwölf Uhr mit der gewohnten Eleganz entledigt hatte, indem er, um die Zeit bis zum Börsenbericht auszunützen, schrieb, daß »... auf dem Textilsektor eine gewisse Unlust spürbar« sei.

Golden blitzte es, hoch über der großen Tabelle aus dunklen Nummernfeldern, in senkrechten Batterien geordnet: abwechselnd dazwischen die hohen Fenster bis hinauf zum himmelhohen Velarium: die Meldeboten für Telephonanrufe wiederholten jeweils ihre stummen Signale, ein stummes Schreien ferner Schildwachen; oder von Pult zu Pult: eine fiebrige Gier, in einer Versammlung von Stummen, geschwind von Gesicht zu Gesicht, über Lippen und Pupillen.

Jede Zahl, jedes Aufleuchten galt einem Makler oder einem der beauftragten Schreier: und diese stummen Appelle lösten bei den Unteragenten und Boten Ungestüm und blitzartiges Losstürzen aus: zwischen den Rücken und Beinen und Stimmen der Schreier schnellten sie zum Pult der eigenen Firma, um sofort wieder zurückzueilen, jeder zu seinem Mann: ihm dann sogleich etwas ins Ohr blasen und mit ausgestreckten oder eingezogenen Fingern und wiederholten Halbierungsgesten bedeuten: zweieinhalb, dreieinhalb, Monatsende, bar – die dringliche Order des Auftraggebers. Sie schnellten los, bedienten sich nach Kräften der Ellenbogen: und es gab Püffe, Praller, Zusammenstöße, Nase an Nase, wie in einer besessenen Menge, die aus brennendem Kino zu flüchten versucht.

Vom Geländer umringt, konnte diese Menge nicht aus und nicht ein: sie verkrustete und lichtete sich, in ständigem Wechsel von Gerinnen und Lösen, in der körperlichen und moralischen Mühsal der Schreie und des Zuschlags: unter eiligem Kritzeln auf den Notizblock, als gälte es, einen unwiderruflichen Befehl zu erlassen im Tumult einer Schlacht.

Jeder war mit einem Notizblock bewehrt, mit abreißbaren Zetteln: und mit Bleistiftstummel. Manche hatten in der Tasche bereits ein paar fertiggestempelte Aufträge, nur noch zu perfektionieren mit dem Preis und der Unterschrift des Kontrahenten.

Jünglinge waren es und Männer: und ein paar noch rüstige Alte: sie tobten im ganzen Laufstall, einer rings um die anderen, ohne Rast und Ruh, wie Eidotter im Quirl, alle Knöpfe waren in Gefahr. Manchmal hob einer den Blick zu seiner Nummer auf der Tabelle, erhaschte ihr flüchtiges Signal wie ein Leuchtkäferchen. Die Kräftigsten, die körperlich Größten, stellten sich plötzlich auf Zehenspitzen, um mit einem gellenden Schrei den Schmelzfluß des Lärms zu durchteilen: mir schien es manche Male, als höben sie sich im Flug vom Boden: hoch reckten sie den Arm samt Notizblock, hinweg über alle Köpfe, um Einsatz und Fahne zu schwenken. Mit gespannter Kraft ihres Willens unterwarfen sie des Tumults Fatalität und Mechanik.

Sie schrien die Namen von Angebot und Nachfrage und beharrten blindlings darauf, die Silben rhythmisch skandierend: »ca-ti-ni! ca-ti-ni!« Als verwegene Hypnotiseure starrten sie dem mutmaßlichen Kontrahenten in die Pupille, brüllten sich erneut an, wie Moraspieler. Aber keiner von ihnen war in diesem Moment Spieler: jeder gehorchte einem Auftrag, getreu den Modalitäten und den Erfordernissen der Pflicht: der verlangte oder angepriesene Titel schien der Name oder gar das Motiv all dessen zu sein, worum gekämpft wurde. Und dieser Name entriß die Verfolger dem Strudel, wie Verzückte: und von da an verlagerte sich im Bacchanal dieser Name hierhin und dorthin, durchlief den gesamten tumultuösen Saal: verzog sich, so schien's, verflaute in einer Ecke: um aber wieder aufzutauchen wie ein neuerhobenes Banner.

Im Laufstall der Schreie, seht, die zwei kreisrunden Geländer, auf die sich, wie auf ein Fensterbrett, die Schreihälse stützten: eins für die Staatstitel und meistgehandelten Obligationen, das andere für die Aktien. So abgestützt, sah ich die Gewichtigsten in der gleichen Stellung, in der man besinnlich über den Rand einer Zisterne hinabblickt. Aber mit stählernen Lungen auch sie.

Und in jedem der beiden Kreise schienen, auf jeder nur denkbaren Schnittlinie, sich die beiden Gegen-Schreier zu fixieren, für einen Augenblick jeweils, genug für den Vertrag. Ein Hochrecken des Arms und zweier Finger, gestreckt, besiegelten ihn endgültig: Frage und Antwort, entlang der geheimnisvollen Gültigkeit des Diameters. Eine neue Regelung schien, von Minute zu Minute, zustandezukommen, nach jeder Entscheidung der Zufriedengestellten.

Von den Pulten in den beiden Flügeln des Saals, von den Telephonkabinen (glänzende Schilderhäuschen, zylindrisch, aus Furnierholz und Glas) flüsterten die Beauftragten der Banken und die Makler in den Sprechkelch des Mikrophons Namen und Nummern: einträchtig hingegeben der Lektüre, die Augen erhoben zum Flimmern der Kurse, wie zum Pol ausgerichtete Nadeln, den Hörer ans Ohr geklemmt, ungerührt von den Blitzen, den roten, den grünen, den weißen.

Oder sie bekommen Anweisung: und leiteten sie aufgeregt weiter, an den Jüngling; pfeilschnelle Burschen schnellten nun los, auf der Suche nach dem zuständigen Schreier: tausend Rapida siebenhundertneun, siebenhundertzehn, fünfhundert Stefani zweihundertneunzig. Diese Laufburschen, schien's mir, waren klein von Statur und beweglich, flitzten wie wendiges Fußvolk bei der Schlacht von Pharsalus mitten durch ein Getümmel sich überstürzender Reiter: »Pirellone! Pirellone!«

Aber ich gewahrte eine Wende der Zeichen auf dem Rechenbrett, auf der langen Woge der Kurse war auf einmal der Wellenkamm überschritten: gekräuselt und schäumend war er, von Furcht und Schrecken, vom Risiko. Die Woge übergoß uns nunmehr, spöttisch spaßend, mit Opalen und Lapislazuli der Ängste, im Schlund der grünen Effekten. Wenn der Letztwert zu einem bestimmten Zeitpunkt niedriger steht als der Höchstwert des Vormittags, dann kommt die Zahl in grün statt in weiß. Ein Blick zur Tafel, ob zur Rechten das Grün vorherrsche, zeigt eine Phase des Verkaufs oder zumindest nachgebender Preise an. Rot erschienen jedoch am Ende die Schlußwerte, ganz rechts. Die Blitze in den Feldern verdoppelten ihre Frequenz: die Schreie – oder war es ein Traum? – wuchsen an.

»Fort, fort!« sagte ich mir. »Schnupf deine Prise Tabak: und auf und davon!« Zerstreut nähert sich mir der »cavaliere«, mit dem Lächeln eines habitué: »Etwas überzogen, einige Positionen ... doch sie profitieren im gegebenen Moment, dann wird abgestoßen. Der Markt aber ist rege. Geld ist immer reichlich vorhanden.«

In der Tat wendeten die unstabilen Kurse, mit erneutem Zulauf auf den Tabellen, die Richtung: die Baroggi hatten kaum hundertachtundachtzig gezeichnet, da erreichten sie schon hundertneunzig: die Ticinelle von einem halben Punkt, zum ganzen, von eins auf zwei, saßen auf zweihundertsieben Komma fünfzig, neun, zehn, elf, dreizehn. Der pfeilschnelle Ritter hatte in Blitzeseile seinen gepanzerten Hengst am Wickel; ein Wunder überhaupt, daß der zum Abschluß gelangte: das Wellental hatte neun Minuten angedauert, ihm neun – neun! – Punkte verstattet, um bei zweihundertneun Komma fünfzig zuzuschlagen. Nun schwitzten sie beide vierzehn Tropfen auf einmal, sieben pro Nase. Alles schien nunmehr, nach mahnendem Klingelzeichen, sich gleichzuschalten auf eine sichere Tendenz: das Schiff der Kurse zog jetzt, in majestätischer Ruhe und Gewißheit, mit vollen Segeln in Richtung Abschluß.

In meiner Nähe einige Damen, weder elegant noch unelegant; mir schien es, als wären sie hinter dem Ladentisch eines Tabakgeschäfts hervorgekommen: die eine oder andere bediente sich eines zierlichen Opernglases zum Lesen,

oder hatte einen Kavalier vom Dienst als Geleit, achtungs-
gebietende Männer, zwischen Beichtvater und Gynäkologe.

Konvergierende Motive versammeln und führen in
einem »theatron«, einem offensichtlichen Tatort, alle fernen und latenten Kräfte des Lebens zusammen. Jeder Po-
sten hat seinen Platz und seinen Zeitpunkt, um flüssig
gemacht zu werden. Wachsamer Überschlag des Schicksals
der Werte, die man besitzt oder wünscht, der gesuchten
oder abgewiesenen Güter. Diese Umsicht schlägt sich nieder
in Kenntnis, und in klaren oder auch irrigen Ansichten, in
geglückten Entschlüssen oder in verfehlten Entschlüssen.
Unergründbare Imponderabilien gehen, immer wieder,
damit einher: und die allgemeine Unerforschlichkeit des
Schicksals lagert über dem Ganzen.

Langsame Erderhebungen und Brüche und erlittene Risse
konvergieren in diesem Lärmen, in diesem Aufflammen
oder diesen Telephonanrufen zur täglichen Festlegung
eines Kurses. Ferne Orders, unmittelbare Ausführung: auf
dieser raschen Waage wiegt jede Realität: mit ihrem bru-
talen Gewicht, mit den subtilen Gelenken.

»Der Tauschhandel Bohnen gegen Hammel«, sagte ich
mir, »war schließlich auch eine unbequeme Sache: dich
hätte man nicht an den Haaren dazu schleifen können.
Und dahin wird's wieder kommen, glaub's mir! Was, zum
Teufel, hättest du mit dem Geldpreis gemacht, wenn sie ihn
dir nicht in Lire sondern in zwanzig Zentnern Rüben aus-
gezahlt hätten? Um ihn in eineinhalb Hammel umzutau-
schen? ... Ein Problem, dieser Hammel und ein halber,
gib's zu: schlimmer als die rote Ampel bei San Babila!«

Hier halten dich, wie bei allem Physiologischen, wider-
setzliche Kräfte, wacklige Werte, mit gespannten Fäden
auf deinem Platz fest: der momentan definitiv ist, wenn
auch nur durch veränderliche Erkenntnis erkannt, von Au-

genblick zu Augenblick. So halten zwei entgegengesetzte Fäden die Spinne und ihre appetitliche Mücke in einem provisorischen Zentrum, eh der Regensturz kommt.

Du fürchtest die Wahrscheinlichkeit und die ihr entgegengesetzte Kraft, wenn du einer von beiden dich verschreibst: und du erflehst vergeblich von der Unschlüssigkeit deiner Hypothese eine Gewißheit, eine Sicherheit, eine Dauer. Andre hingegen arbeiten mit Hilfe des Wandelbaren, des Differentialen. Drum sage ich dir: was für Kurse hatten denn eigentlich die »syngraphae« der Salzhändler und der Steuerpächter im Herzen der Teppichhändler?

Jede Realität wird von entgegengesetzten Endzwecken in Schwebe gehalten und schnellt aufgeregt herum im Feld des Schicksals, wie der Schwanz der getretenen Schlange oder wie der Magnet zwischen den Polen: der Kurs springt von Moment zu Moment im Kreis, von den beiden Stimmen der Gegenüberstehenden und den entsprechenden Enden eines Diameters. Willst du eine Gewißheit, so such sie in deinem Herzen.

»ALSO?« sagte der »cavaliere« im Vorbeigehn. Er sah etwas schuldbewußt drein, inmitten der allgemeinen Erregung, als sei er der Verantwortliche für diese Gipfelstürmerei. Ich glättete meine Stirn. »Ich überlasse es lieber Ihnen«, sagte ich. »Wenn Sie meinen«, und gleich schenkte er mir einen seiner treuen Blicke, »da Sie ja offenbar entschlossen sind ... vielleicht besser heute als morgen – (er meinte es gar nicht sarkastisch, sondern schlicht und herzlich) – so wie der Markt zulegt ...« Diese beiden schönen Fachausdrücke, Markt und zulegen, sprach er mit einer nur ihm eigenen Leichtigkeit aus: dann ging er und bediente mich prompt.

Ein Vormittag auf dem Schlachthof

Die Zeichen jagen einander auf der Piste des Tierkreises: schon greift der Skorpion nach den Schalen der flüchtigen Waage. Die Stadt, die gefräßige Käuferin, lockt auf ihren nimmermüden Markt Agenten und Schweinehändler, Mittelsmänner, Metzger und hoheitsvolle Viehzüchter. Sie ist die volkreichste des Nordens, eine der reichsten und regsten. Wer nicht ißt, arbeitet nicht. Im Topf muß etwas kochen, um jeden Preis: damit der Hammer voll aufs Eisen hauen kann oder auf einen Wink hin die Entwirrung der besessenen Fahrzeuge sich vollziehe, ohne Zusammenstöße, ohne Stocken.

Die Stadt erwacht. Gegen die schon hochstehende Sonne ragen weiß die Häuser, jedes für sich*, fast wie modernisierte Türme, aus dem lebhaften Grün der Ebene, die, von ihren Nebeln zart wattiert, erscheint: die Züge vermindern

---

* Am Rande der Stadt, an der äußeren Zone, wo die Schlachthöfe eingerichtet worden sind, erheben sich neue, sechsstöckige Häuser: bereits kleine Städtchen, doch isoliert: ziemlich häßlich an den vergilbten Flanken und den Dächern, vergleicht man sie mit den alten lombardischen Gehöften, die von den Reihen der Pappeln und Weiden fast verborgen werden, sofern nicht der Rauch eines Kamins sie verrät. Diese Gehöfte, in regelmäßigen Abständen voneinander, sind das alte Maß und die notwendige bäuerliche »Jurisdiktion« der bearbeiteten Ebene.

ihren langen Lauf über den Kanälen, den Abflüssen, entlang den Leinen unermüdlicher Wäscherinnen.

Die elektrischen Leitungen, von höchster Spannung, überqueren die Pappeln, laufen an dem Agglomerat aus Häusern und Fabriken vorbei bis zu den Vorstadtbahnhöfen: dort legen sie die Waffen nieder* wie die bewaffneten Truppen der Konsuln vor dem stummen Gesetz und den Toren der Urbs. Die Flugzeuge des Taliedo surren bereits mit dunklen oder vergoldeten Flügeln über den Köpfen der verschlafenen Straßenkehrer; langsamen Pedals kehren die Nachtwächter heim, eine Zigarette zwischen den Lippen; die Katzen begrüßen den Tag, indem sie niederkauern neben der Espressomaschine, in den schon ganz früh geöffneten Tabaktrafiken. Ein Hin und Her von Fahrrädern, daß man nicht über die Straße kann.

Die Stadt verlangt Rinder, Schweine und Kälber von denen, die es verstanden, sie zu züchten. Große Lastwagen laden sie aus von der grünen Provinz, von Cremona, von Mantua, von Stradella, aus dem Gebiet von Lodi, der Emilia und dem Veneto: ein paar lange Lastwagen, mit ein oder zwei Stück Vieh, kommen aus der nächsten Umgebung. Anderen, vor der Morgendämmerung mit zwölf Stück im Wagen und zwölf im Anhänger abgefahren, reißen sie schon an der Rampe die Tür auf; und heraus auf den Ziegelboden trotten die Spalthufer wieder ans Licht, auf den sicheren, festen Boden. Sie schreiten auf den weißen Veterinär zu, in der Würde ihrer Natur und ihrer nach Leben riechenden Formen: nach dem kurzen Halt an der Absperrung drängen die »cacitt«, die Treiber, sie hinaus aus

---

* Man verstehe: der elektrische Strom wird in die Spannung übertragen, die für die Verbraucher bestimmt ist; diese ist sehr viel niedriger als die Überlandspannung.

dem Verladebezirk (gebrauchen dazu kleine Knüppel aus Hainbuche wie kurze Peitschen, die man verkehrt rum in der Faust hält) und bringen sie auf den Weg zur Viehwaage und zu den Ställen.

Ich sehe die strapazierte Schar an den Ankunftsplätzen auf die tierärztliche Untersuchung warten, ein Stück nach dem anderen, dann, mit einigem gedämpften Gemuhe, die abschüssige Bahn von der Rampe heruntertrotten: eine ist widerspenstig oder dreht durch, will auf halbem Weg kehrtmachen, der Verängstigten müssen sie nach über den ganzen Platz, die Männer mit den Knüppeln und in blauer Montur rennen ihr nach, kommen ihr zuvor mit Geschrei und mit Schwenken der Arme.

Die neue Angst ist stärker als die vorherige, und das Tier nimmt wieder den vorgeschriebenen Weg. In Erwartung des Arztes stützt manch ein Tier die Stirn gegen die Eisenstangen (Schaum kommt aus seinem Maul, in Flokken), als wolle es durch die Berührung mit dem Eisen, nach der verwirrten Nacht, den schmerzlichen Aufruhr seines eigenen Blutes kühlen.

Andere haben ein halb entwurzeltes Horn und bluten daraus: die scharlachne Kruste ist entlang des Mauls geronnen, das trauerbeschwerte Auge scheint die Dinge, die Welt nach dem Grunde zu fragen. Die »Treiber« mit der blauen Montur sind gedrungene Männer, halb Stallknechte, halb Viehhüter: sie tragen ein kupfernes Schild auf der Brust, mit ihrer Nummer, wie die Gepäckträger am Bahnhof.

Ihre Aufgabe ist es, die Rinder von der Rampe zu den Ställen zu treiben und sie zu überwachen, dann zum Wiegen, zum Stadtzoll, zum Schlachthaus, den ganzen Weg lang: jedes Tier bezahlt einen Betrag, à *forfait*.

Der Veterinär vom Städtischen Gesundheitsamt führt, wie gesagt, eine erste Inspektion durch beim Entladen. Bestimmte Stallknechte entleeren die Lastwagen und Anhänger vom zertretenen Stroh und dem nächtlichen Streumist und häufen ihn in vorgesehene Lagerstätten. Andre waschen, auf dem Vorplatz, die Karren und Lastwagen mit Wasserstrahlen.

Mittlerweile ist auch ein Güterzug eingetroffen: da die Stadt ihr Rindfleisch von überall kauft, als ausgezeichnete Kundin der Weiden und des fernen Nachschubs: von Postumia her kommen Rinder, aus Kroatien und Ungarn. So viele kommen von dort, daß der Jungviehhandel sich gewissermaßen dorthin verlagert hat.

Von einem nahen Güterbahnhof, der die gesamte Mailänder Versorgung gut und auch schlecht regelt, hat die Lokomotive der Schlachthofdirektion (wie eine bucklige Alte schaut sie aus, tut aber ihren Dienst) den klagenden Troß zur Laderampe gezogen: die Vierfüßer kommen halb betäubt hervor, und nüchtern: einige scheinen zu frösteln, sind ganz verkrampft; mit schwachen Beinen unterm Übergewicht des Kopfes, der Lenden, der Hinterteile. Ihr Schreiten ist schwerer als sonst, verschüchtert, schwankend.

ICH sehe, daß nicht alle Gehörnten dieser räuberischen Kur unterzogen worden sind, die die männlichen Kälber erst zu Jungvieh macht, das der Stadt Mailand wirklich würdig ist. Über die lange, abschüssige Bahn der Rampe sehe ich hochdekorierte Stiere schreiten, die auch abwärts nur mühsam vorankommen, mit der würdevollen Gravität dessen, der sich dank offensichtlicher Verdienste für gewichtig hält. Die Hinterbeine scheinen die Beweglichkeit des Kniegelenks eingebüßt zu haben: und dies ist die wahre und einzige Ursache der Verzögerung.

Das aber erhellt mir den Grund für die zähen Mühen, die ich – wie oft! – bei Tische hatte. Ich kaute und kaute, mit dem Eifer eines Reißwolfs in der Papierfabrik, der die Makulatur eines Stier-Romans verarbeiten muß.

Hier, die automatischen Waagen: in Reih und Glied aufgestellt unter einem Vordach aus Eisenbeton, das den Platz abschließt: für jede eine helle Kabine: jede ist versehen mit einer Klapptür ohne Wiederkehr, etwa wie die Zähldrehtüren in den Museen; hier aber paßt ein schöner Ochse rein.

Alle Absperrungsschranken für den Durchlauf und für den Eintrieb sind aus graugestrichenen Eisenröhren: wenn Ablieferung und Zählung vorbei sind, tritt sogleich das Säuberungspersonal an die Stelle des anderen, mit Kehrbesen und Wasserkübeln: um Rampe und Platz zu reinigen.

Auf Befragen tut jede Waage das Gewicht des Tieres, gedruckt auf Pappkärtchen, kund, und diese Auskunft bestimmt den Preis. Die Agenten (in Stellvertretung des Händlers) und die kaufenden Metzger sind bei der kurzen Zeremonie anwesend.

Manchmal kommen die Rinder vorzeitig an, zwischen zwanzig und sechzig Stunden zu früh: zu früh für die Schlachtung: in solchen Fällen werden sie in breiträumige, große Ställe gesperrt, wobei sie ein *forfait* pro Tag und Stück entrichten. Aber zumeist geht ihr Weg nach dem ersten Wiegen weiter zur Steuerwaage des Stadtzolls und von dort in die Schlachthallen.

Ich verfolge ihr stummes Herumtorkeln, zügle meine Bedrückung, mein Unwohlsein. Ich sage mir, wiederhole es mir, daß es sich um eine Notwendigkeit ohne Alternative handle; der Ort, in der warmen Sonne, ist nichts anderes als ein Markt, eine Zweckanlage wie viele andere. . . .

Die Kälber werden ihrem Ende auf speziellen Karren zugeführt, von Elektrowagen gezogen. Traurig, und ich

möchte sagen, unheilwitternd, gelähmt in einer nunmehr
seufzerlosen Ergebenheit, treibt man sie zu vieren und vieren durch eine Art Schiffsladeluke, und sie schlittern hinein
als simples Gewicht, manche mit dem Hinterteil voran,
und fallen in die gedrungenen Eingangsräume des Schlacht-
hauses.

Etwas ähnliches passiert wohl auch den Schweinen, weiter drüben; sie quieken und schreien, mit vergeblichem Ge-
schrill.

Von den Treibern gestoßen, gelangen die Rinder und
Stiere auf eigenen Beinen, langsam, zum scharlachroten
Schicksal. Sie gelangen in das Gebäude mit dem Boden aus
rotem Steinpflaster, dirigiert von den immer lascheren Schlä-
gen, die nunmehr von den Männern in der blauen Montur
fast mitleidig ausgeteilt werden: ein Mann erwartet sie dort,
in blauer Montur, mit einem weißen Halstuch: unflätig
seine Hand, entsetzlich bewaffnet wie die des Macbeth: sein
ganzer Arm ist beschmiert mit der Farbe von 1789.

Schon senken sie, gewärtig, das Horn: er hat ihnen nicht
ins Auge geblickt: er nähert sich ihnen mit gestrecktem
Arm. Und prüft die Schneide des Eisens über dem Genick,
zwischen einem Wirbel des Rückgrats und dem nächsten;
er hebt, wenn er den Punkt ausgemacht hat, das Messer
und schlägt blitzartig zu: in der Art, so würde Leibniz
sagen, »des geringsten der möglichen Übel«. Das Tier sinkt
schwerfällig zusammen: mit den vier Hufen gen Himmel,
liegt da, mit verendenden Augen, durchzuckt noch von
schrecklichem Bäumen, das nicht gelindert werden kann.

Etwas Heiliges ist erloschen, das Dasein ergibt sich der
Unbeweglichkeit. Ein schwarzer Blutstoß aus dem Genick;
die äußerste Erschlaffung.

Der zweite Handlanger führt in die Wunde einen bieg-
samen Stab ein, eine Art Bambus, und schiebt ihn etwa

vierzig Zentimeter ins Rückenmark, um den Motor des Herzens auszuschalten: die letzten Zuckungen der Nervenmechanik begleiten im verendenden Tier diese Verrichtung des Menschen, ein Zittern durchläuft es bis in die Hufe, dann ist der ganze schwere Körper leblos. Der Organismus ist wieder Materie geworden: das kostspielige Elaborat der Epochen, von Keim zu Keim durch Jahrtausende hindurch auf uns gekommen, wird vernichtet in einem blutroten Augenblick.

Experimente, die man mit der Pistole oder dem elektrischen Strom gemacht hat, haben zu schweren, so sagt man mir, Unannehmlichkeiten geführt, zu Zeitverlust. Das Tier mußte manchmal minutenlang leiden: verwundet brach es aus, verletzte die Mörder. Das »geringste Übel« liegt in dem hier angewendeten Verfahren.

AUS drei Hallen mit je sechsunddreißig Plätzen besteht das Schlachthaus der Rinder: in einer vierten widmet man sich den Pferden: eine fünfte ist für die Schweine: eine sechste ist Schlachthaus für Kälber. Wenige Zicklein, in Mailand, außer zu Ostern.

Wo's um die Rinder geht, gibt's einen Hallenvorsteher und einen stellvertretenden Hallenvorsteher. Genau geführte Tabellen verzeichnen bei jedem Tier den Platz, die Nummer, den Besitzer. Zwei Gruppen von je elf besorgen, in eineinhalb Stunden, die Schlachtung und Verarbeitung von 18 Rindern pro Gruppe, liefern, am Ende dieser Laufzeit, die 18 Tiere fix und fertig für den Transport oder die Kühlzelle ab. Dann: eine halbe Stunde zum Waschen und Aufräumen: vier Schichten pro Tag, sofern nötig.

Über den Achtzehn, leblos und ausgestreckt, teilen sich die Elf mit Ordnung und unglaublicher Behendigkeit in die

Arbeit: voller Flecken die Kittel, verschmiert mit Blut die Hände und Arme, tragen sie am Gürtel eine Dose aus Zink in Form eines steifen Futterals: das ist der kollektive Wohnsitz von zwei oder drei verschiedenen Klingen, dazu den Wetzstein, an dem sie sie schärfen, welcher wie eine lange und runde Feile mit Holzgriff ist, fast wie ein Stilett oder eine Reservewaffe.

Das ganze Werk unterteilt sich in Spezialistenarbeit. Das Blut wird durch einen Schnitt durch die Gurgel abgezapft und fließt, zuerst grauenhaft schwarz, in Zinkwannen; diese, noch dampfend, werden in einen Sammeltank, der auf ein Fahrgestell montiert ist, geleert. Ein anderer Operateur trennt den Kopf und die Klauen ab, hängt den Kopf auf einen der verzinkten Haken in eine Art Garderobenständer: und dann schaut er dich an, mit den halbgeschlossenen, reglosen und glasigen Augen, wie die eines gehörnten Holofernes.

Nun wird der Körper hinterrücks an den gekappten und offenen Knien aufgehängt, die beiden Haken zwischen Sehnen und Knochen, wird mittels einer Winde hochgehievt, deren Räder auf einer halbhohen Deckenschiene laufen. Die »faccettisti« öffnen das Tier und ziehen die Eingeweide heraus, einer öffnet, einer holt raus. Schnell gehen sie von einem Tier zum nächsten, schärfen in der kurzen Zwischenpause die Messer. Der, der öffnet, zeichnet vorher die Geste über der Haut vor, als ob er das Ziel anvisiere, denn der Schnitt muß schnell und präzis erfolgen. Das Ausweiden jedes Ochsen nimmt kaum mehr als eine Minute in Anspruch: wenn die Bauchhöhle, die sich oben befindet, geöffnet ist, quillt der große Brei der Eingeweide heraus und fällt, geschwollen und oft grünlich, herab, breitet sich auf dem Fußboden aus, voll von unerwünschtem Kot. Die Kuttelleute rennen mit speziellen Karren herbei, fallen wie

Raubvögel über das Gedärm, und es sieht aus, als klauten sie's den Operateuren unter den Füßen weg und trügen's fort zu ihren stinkenden Töpfen.

Dann kommt das Abhäuten und das Geschäft der »Verschönerung«. Ersteres wird verrichtet von fünfen der elf Arbeiter: einer »kratzt« die Hinterteile, zwei andere machen sich ans Abhäuten der beiden Bauchhälften, rechte Flanke, linke Flanke, man nennt sie »Zwergrippen«. Zwei bearbeiten den Rücken, um die »Schulterstücke« herauszulösen: der eine ist dazu auf einen hohen Schemel gestiegen: der andere werkt von unten.

Das Abhäuten ist ein heikler Vorgang, es gilt, dem Opfer das Fell über die Ohren zu ziehen, ohne es zu beschädigen; die Kuhhaut ist sehr gesucht und wird zu einem Preis verkauft, der bis zu zehn Prozent des Gesamtwertes eines Tiers ausmacht. Daher muß jeder »Striemen«, jede schlechte Schabung, die den Verkaufswert vermindern könnte, vermieden werden; also: nur die Verbindungsschicht durchtrennen, die das Fell an den Muskel bindet.

In Mailand führt man die Abhäutung mit gewöhnlichen Messern durch, mit breiten und an den Seiten gewellten Klingen, aber an Bauch und Rücken mit dem elektrischen Abhäuteapparat Marke Bignami. Der Arbeiter wirft sich eine Art speziellen Rucksack mit dem kleinen Elektromotor über die Schultern, die Drehbewegung wird durch eine biegsame Röhre auf die Schneide übertragen. Die Abtrennmaschine hat die Form eines weiten und platten Rings, mit einem Durchmesser von etwa zwölf Zentimetern, versehen mit einem Handgriff. Kleine Klingen in der Art von Rasiermessern sausen eifrig zwischen den beiden aufeinandergerichteten ringförmigen Klingenhaltern hin und her.

WENN das Tier geschlachtet und gehäutet ist, geht man an seine Verschönerung.

Die »Verschönerung« besteht in der sachkundigen Aufbereitung des Tiers, damit es säuberlich und vollsaftig sein Fleisch präsentiere, ohne baumelnde Fettwülste oder Sehnengezadder. Das Messer ist jetzt nur noch wie der Kamm oder die Schnurrbartbrennschere eines ehrgeizigen Barbiers.

Gewisse Schichten, gewisse Polster von schönem, festen Fett in der Gegend der gespaltenen Hinterkuppe werden zärtlich mit der Messerspitze zurechtgeschnipselt: als richte man sie her für den Tanz am Halbfastentag.

Die Bedrängnis hat sich gelegt und das Gemüt entspannt sich nunmehr zu einer vormittäglichen Besichtigung des Fleischerladens. Namen, die man immer wieder in der Küche gehört hat, quellen aus den geöffneten Brustkörben, Boten des Mittagsmahles.

Das Messer agiert rasch und umsichtig und vollführt, sachte, sachte, sein Verbesserungswerk; ein Tuch säubert die glatte Wand des von hellen Sehnen gestriemten Muskels von Hautresten und Blut; dann setzt unterwürfig das Hackebeil ein, geführt vom größten der Schlächter, der ganz verschlafen zu sein scheint, über der Arbeit: (aber genau weiß, wo er hinhauen muß). Er spaltet die Wirbelsäule mit strenger Symmetrie, öffnet zwischen den beiden Hälften nur eine Art Fenster, während die Teile noch, damit es gut aussieht, an Kuppen und Schultern aneinanderhängen.

Einer der Elf, mit einer Sezierschürze und einer blutigen, halboffenen Ledertasche vor dem Bauch, durchläuft indes die Reihe der aufgehängten Tiere, als flinker Dieb zwischen den andern, die schwer beschäftigt sind: er raubt blitzartig den Tieren ihre wesentlichen Drüsen: Hypophyse, Zirbeldrüse, Nebenniere, Schilddrüse und Nebenschilddrüse: und den Kühen stiehlt er rasch die Eierstöcke.

Jedes gehörnte Haupt, das nach bereits erfolgtem »Zungenschnitt« am Haken hängt, hebt er ein wenig hoch, indem er seinen eigenen, mit Teufelsmütze bedeckten Kopf darunterschiebt, mit dem Körper sich abstemmend und dabei werkelnd, mit Händen und mit Eisen und nach oben verdrehten Augen, als wolle er einer Glocke den Klöppel abdrehen: und reißt hingegen manch rotes, klebriges und weichliches Brombeerchen hervor.

In wenigen Minuten ist seine Tasche voll mit Opotherapie: die angesehensten Pharmakologen werden daraus Schilddrüsenextrakte und Ovarialhormone und jegliche Art von Präparaten gewinnen, die auch das gefährdetste endokrine System normalisieren. Pankreas und anderes Zeug der Stiere werden gesondert erworben, auch des gegebenen Umfangs wegen, und daraus das Pankreatin gewonnen, und Insulin zur Regulierung des Zuckerspiegels, oder die Quintessenz einer männlichen Großmut im Denken.

Von der Übersäuerung (des Magens) erlöste Jungfern und Diabetiker, die wieder bitter geworden sind wie Kalomel, verdanken ihre wiedererlangte Gesundheit diesen zehn Minuten der Flinkheit und Voraussicht.

Aber eine Formel ist vonnöten! Nachdem sie die Meinung der Formel-Destillateure angehört haben, werden die Opotherapisten daraus wundertätige Phiolen destillieren; lassen in ihren, noch nie dagewesenen, Töpfen ihre phantasievollen Absude blubbern. Die drei unheilschwangeren Schwestern werden den höchsten Hexenzauber des Lebens vollführen und, rittlings auf einem Besen, um den Hexenkessel traben in einem oxythonischen Rhythmus von Teufelinnen:

Double, double toil and trouble:
Fire, burn; and, cauldron, bubble.

Blitz und Donner! Die Zerzausteste wird aus dem Spiegel männliche Nachkommen für ununterbrochene acht Generationen weissagen, und zwar jedem, der diesen Zaubertrank erworben und bezahlt hat.

Und die Arbeit geht weiter, in doppelter Eile. Die Häute, blitzartig, an die Agenten der Gerbereien.

Zwischen einem Seitenflügel und dem anderen jeder Halle befindet sich ein weiter, überdachter Gang: dort werden sie gesäubert, gerollt, gewogen, verladen. Das Blut geht, blitzartig, während es noch auf den Fahrgestellen dampft, zu einer nahen, neugebauten Anlage, wo man Dünger daraus macht, und Plastikmaterial, Zierrat, Kleister.

Der Doppelzentner kostet bis zu 120 Lire. Laufburschen eilen dieweil hin und her: und einige feiste Männer mit goldener Uhrkette vor dem Bauch, mit einer Miene, als wüßten sie genau, was sie hier wollen. Einer vom Rathaus versieht mit einem violetten Stempel die Tiere, die, nachdem die letzte Toilette durchgeführt ist, dort noch hängen. Während die doppelten Hälften zu den Gefrieranlagen gekarrt werden, ins Depot, zum Mürbewerden, füllen sich die Lieferwagen der Metzger mit anderen Hälften und Vierteln, die sie aus den Kühlanlagen oder direkt aus den Schlachthallen holen: und verstopfen die ganze lange Verladegalerie, die zwischen den Hallen liegt, wo gekrümmte Laufburschen auf den Schultern vom Besten davonschleppen, was sie nur schaffen, kräftig duftende Hälften und Viertel und aufgeschlitzte Kälber.

Ich hatte sie aus den Augen verloren, diese Geschöpfe von linder Unschuld, an der tristen Grenze des Schlachthofs, vor den übelriechenden Kesseln der Kutteln, ihre kindliche Seele, im Gehorsam schon fast vergangen, ehe noch der große Mann sie, die Klaglosen, aufs Genick geschlagen.

Und sie fallen auch eigentlich nicht: sie scheinen zu rutschen, sich im Spiel auf Ellenbogen und Knie niederzulassen. Sie werden an den Hinterhufen eingehakt, mechanisch hochgehievt, mit durchschnittener Gurgel, über ein Becken; das braune Blut quillt nunmehr aus einem toten Gegenstand.

Der ganze Vorgang nimmt keine fünfzig Sekunden in Anspruch: präzise und unfehlbar ist der Arbeiter mit der Keule, präzise und sicher auch der andere, der die schreckliche Klinge führt.

Nachdem sie erneut entlang des hängenden Rollgleises weitergekarrt sind zu den einzelnen Stationen der Verarbeitung, schneidet zuerst ein Arbeiter mit flinker Hand rund um den Nabel: setzt dann das Mundstück eines Preßluftgerätes an die Wunde und pumpt die Tiere nach Bedarf auf, wie Schweine. »Wie lauter aufgehängte Hunde sahen sie aus«, aber schon sind sie gebläht: sauber und straff: die Bearbeitung gelingt leichter auf gespannter Haut und mit straffem Fleisch, die Messerspitze, die Klinge können rascher ins Gewebe dringen.

In der Gefrierzelle indes laufen unbeirrbar die Motoren der Kompressoren, angetrieben von der sauberen Elektrozentrale: von weißem Reif bedeckt die Expansionsröhren. Die Gefrieranlage umfaßt ein Sammeldepot des Konsortiums für das Abhängen bis zu 24 Stunden (Gebühr bereits im Stücktarif für die Schlachtung einbegriffen) und die Zellen der einzelnen Herren Metzger. Die ideale Temperatur für die Lagerung: fünf, sechs Grad über Null.

Weiße Veterinäre durchstreifen die Hallen zur letzten Beschau, prüfen Kutteln und Fleisch: lassen sich ein Werkzeug reichen, schneiden, forschen. Häufig kommt Tuberkulose vor, zumeist beim Stallrind: abzulesen an den charakteristischen Knötchen an der Oberfläche der Lunge und im Innern der beiden Rippenfelle, manchmal in der Niere, in den Lymphgefäßen.

Dann werden die Eingeweide in die Abdeckerei geschickt, ohne Verzug im verschlossenen Dampfkessel gekocht, zur Materie und zu Düngemittel degradiert, auf der grünen Stille der Ebene. Die Veterinäre bewegen sich auf Fahrrädern von einer Halle zur andern, wachsam, daß nichts Verdächtiges die Absperrungen des Schlachthofs überschreite: betraut mit der Vollmacht der Stadt und ihrer Bevölkerung, liegt ihre Pflicht in der ununterbrochenen Aufmerksamkeit, die dem Bösen Einhalt gebietet: indem sie es feststellt und zerstört vor den Toren der Stadt.

Ruit hora. Der Markt der lebenden Tiere und des Fleisches, in seinem Stimmengewirr voll feister Männer, versammelt nun zu Händedruck und gutem Abschluß die Menge der dringlichen Geschäfte: Händler, Metzger, Agenten (die drei typischen Kategorien): dazu ein paar übriggebliebene Mittelsmänner, die im Auftrag einer weiblichen Metzgerladeninhaberin handeln.*

Manch einer aus der Provinz trägt ein Tüchlein um den Hals, den Hut im Genick. Sie schwitzen, schnauben notieren, sachte, sachte, die Gewichte und Preise in ein abgeschabtes Büchlein, voller Eselsohren, mit einem schwarzen Blei ohne Spitze, der mich augenblicklich nervös machen würde: und für sie hingegen genau das Richtige ist, der intime Freund der »Toscano«-Stumpen in der Tiefe der Tasche.

Schon gibt's ein Gehupe der Lieferwagen, die an den Gewichtigsten vorbei wollen, in der Ladegalerie, wo jeder

---

* Die Händler verkaufen oder handeln Vieh auf eigene Rechnung: die Agenten handeln im Auftrag Dritter, also im Auftrag von Importfirmen oder auswärtigen Züchtern: die Metzger sind die Käufer, die einen Laden in der Stadt betreiben und ans Publikum verkaufen.

versucht, so schnell wie möglich herauszukommen: sie beben bereits vor Lust, die Stadt mit einem Schauer (für morgen) der angemessenen Viktualien zu überschütten, die Stadt, die sich heute auf ihr angemessenes Mahl stürzt, gegen Mittag, Punkt zwölf.

Einige wenige sind blutige, alte Planenwagen, mit Spitzdach im städtischen Grün von Anno 1888: die anderen gleiten lässig und lackiert, in weiß, von dannen, hochmodern, hermetisch verschlossen: entfliehn zu den fernen Läden und Geschäften.

Punkt elf: es entfesselt sich nun in den Geschäften, zwischen der Waage und der Kasse, zwischen dem Metzgergesellen und der Dienstmagd, zwischen Hackebeilchen und Büchlein* eine umfangreiche Philologie: eine peremptorische und endgültige Nomenklatur, bestehend aus: Rindsnuß, Schulterstück, Wamme, Zwischenrippe, Kesselfleisch, Rindsrücken, Lende, Nierenstück, Schlegel, Rose, Schmorbraten, Kalbskeule, Koteletten, Lachsschinken, Halsgrat. Jede Geschichte vollendet sich und terminiert in einer Philologie.

Zur komplexen Organisation des Öffentlichen Schlachthofs gehört eine bedeutende Abteilung für Mikroskopie, die dem Städtischen Amt für Hygiene und tierärztliche Überwachung untersteht: außerdem eine Schule für die

---

* Nach dem alten Brauch der Mailänder verkauft der Metzger an die wohlhabenden Familien auf Kredit: der tägliche Erwerb wird eingetragen (marcà) in ein billiges Wachstuchbüchlein, schwarz oder rot oder bläulich; auf der Vorderseite ist in Gold ein mächtig gehörnter Ochsenkopf eingepreßt. Die Rechnung wird am Monatsende beglichen. Das Büchlein nennt man »el librett«, und es ist eines der wenigen Bücher, die mit ihrer Anwesenheit den Haushalt der wohlhabenden Lombarden zieren.

Ausbildung der Metzgerlehrlinge. Die klinische Untersuchung des Lebendviehs, des Fleisches und der Innereien wird somit begleitet von mikrobiologischen Untersuchungen der Fleischwaren, der Sera, des Bluts. Mittels Bakterienkulturen und mikroskopischen Analysen werden die Keime von Infektionskrankheiten isoliert, zum Beispiel die der Furunkulose, des Milzbrands, der Maul- und Klauenseuche. Das Vorhandensein von Trichinen, der winzigkleinen Würmchen, welche das Fleisch des Schweins und des Bären verseuchen, wird am Leuchtschirm anhand des Präparats bestätigt. Ein photoskopischer Apparat zeigt klar und deutlich auf der Leinwand die gefährlichen kleinen Knäuel der Würmer, die zwischen den Fleischfasern kauern, als ob sie Pensionsgäste wären in einem Muskelpaket.

Die Schule der Metzgerburschen, die im aktiven Aufschwungsklima des Konsortiums und der Stadtverwaltung sowie unter der Schutzherrschaft der Fachgewerkschaft und der Handelskammer geschaffen wurde, zielt darauf ab, die Fahrradburschen mit dem gestreiften Kittel und dem roten Kragen, die in der Stadt, im unerwartetsten Augenblick, auf uns losschießen als beflügelte Boten der Kalbshaxe, des Spitz und der Niere, mit einigen Erleuchtungen und Kenntnissen zu versehen. In zwei Kursen, einem ersten und einem zweiten, vermittelt ein Herr Gaetano Bestetti mit klarer Stimme und intelligenter Gelassenheit praktisches Wissen über Schlachtvieh, über dessen Vorzüge und Mängel, über Art und Weise, selbige festzustellen, über die typischen Rassen, über die Aufzucht, über Markttechnik, über die Zerteilung, die Errechnung von Kosten und Gewinn, über die Verwendung des Gewinns, über die häufigsten Krankheiten, über die diversen Fleischqualitäten, über die an verschiedenen Orten gebräuchlichen Bezeichnungen etc. etc. Er hält dabei den Knüppel der »cacitt« in der Hand, bedient sich seiner wie der Geograph des Stabes, um an den aufgehängten Leibern die einzelnen Organe, die Gewebe, die Teile aufzuzeigen. Übungen im Zerteilen (wie beim Schneider das Zuschneiden) ergänzen den Kurs, anhand eines Schweines oder Kalbes oder eines Ochsenviertels, die an einem speziellen, grünen, mit lauter Lehrmitteln versehenen Gestell aufgehängt sind.

Die beiden Lehrbücher, der ersten und der zweiten Klasse, sind äußerst klar, zielstrebig und gut aufgemacht.

Am Ende des Kurses versammeln sich Schüler und Lehrer zu einem jovialen Gruppenphoto unter der Junisonne: und die Sparkasse der Lombardischen Provinzen übergibt jedem, der ein Diplom erster Klasse erringt, einen Betrag von 150 Lire, 100 gibt es für das Diplom zweiten und 50 für das dritten Grades.

Urväterrisotto. Rezeptur

Zur Zubereitung eines guten Risotto nach Mailänder Art ist Qualitätsreis erforderlich, etwa vom Typ Vialone, großkörnig und etwas runder als das Korn vom Typ Carolina, welches länglich, fast spindelförmig ist. Ein Reis, der nicht völlig geschält ist, also nicht ganz vom Perikarp befreit ist, genießt die Gunst der piemontesischen und lombardischen Kenner, der Landwirte selber, für ihre eigene private Küche. Das Korn, wenn man es genau ins Auge faßt, weist hier und dort Reste der abgeschälten Samenhülle, des Perikarp auf, Reste wie von einem zerschlissenen Gewand, nußbraun oder in der Farbe von Schweinsleder, aber hauchfein: nach den Regeln der Kunst zubereitet, entsteht ausgezeichneter Risotto, nahrhaft, reich an den Vitaminen, die den Weichweizen und den Samenkörnern und ihren hauchfeinen Schalen nachgerühmt werden. Der Risotto alla paesana gelingt besonders köstlich mit der obengenannten Sorte, desgleichen der Risotto auf Mailänder Art: ein wenig dunkler, zugegeben, nach und trotz der vergoldenden Taufe mit dem Safran.

Klassisches Kochgefäß für den Risotto auf Mailänder Art ist die runde oder auch ovale Kasserole aus verzinntem Kupfer mit Eisengriff: die alte und schwere Kasserole, von der man seit einiger Zeit nichts mehr gehört hat: kostbares Ausstattungsstück der weiträumigen Küche: sie war wesentlicher Bestandteil des Kupfergeschirrs, schlicht die

»Kupfer« genannt, die ein alter Poet, der Maler Jacopo Bassano, nicht zu rühmen vergaß in seinen poetischen »Interieurs«, wo die glänzenden Kupfer mehr als einmal auf dem Ziegelfußboden erscheinen, um einen Sonnenstrahl einzufangen und zu spiegeln, einen Strahl jener Sonne, die, wenn das Mahl von den Menschen verdaut, *concocto prandio*, hinabsinkt. Da man uns das alte Kupfer geraubt hat, bleibt uns nur übrig, dem Ersatz Vertrauen zu schenken: dem Aluminium.

Die Kasserole, mit der Linken mittels Filzlappen am Stil übers Feuer gehalten, empfange nun Schnitze oder feingehackte Stückchen zartester Zwiebel, und einen viertel Schöpflöffel Brühe, am besten kochend, und Fleisch vom Rind: und erstklassige Butter aus Lodi. Butter, *quantum prodest*, nachdem man die Zahl der Tischgenossen kennt. Beim ersten Brutzeln dieses maßvollen, butterig-zwiebligen Gemenges wird in kleinen, wiederholten Portionen der Reis beigefügt: nach und nach, bis zu einer Menge von zwei oder drei Handvoll pro Person, je nach dem voraussichtlichen Appetit der Tafelnden: auch darf die wenige Brühe nicht von selber den Prozeß des Kochens einleiten: der Kochlöffel (nun aus Holz) bekommt jetzt zu tun: rühren, rühren und nochmals rühren. Die Körner müssen sich ganz leicht bräunen und härten am Grund des verzinnten Bodens, der in dieser Phase des Rituals glüht, sie dürfen jedoch ihre eigne »Persönlichkeit« nicht verlieren; sich nicht verkleben und verklumpen.

Butter, *quantum sufficit*, nicht mehr, darf ich bitten: sie darf nicht schwimmen, darf keine schmutzige Brühe werden: jedes Korn soll sie fetten, nicht aber ersäufen. Der Reis muß, so sagte ich, überm verzinnten Boden des Topfs hart werden. Dann, nach und nach, schwillt er wieder an und kocht, weil man nach und nach die Brühe beigibt, wobei ihr behutsam und emsig sein solltet: gebt nur hin und wieder Brühe hinzu, zu Beginn zwei halbe Schöpflöffel aus einem beiseitestehenden Topf. In dem habt ihr das Safranpulver schon aufgelöst, das so lebhaft ist, so unvergleichlich anregend für den Magen: aus getrockneten Staubfäden, die dann sorgsam gemahlen, wird es gewonnen. Für acht Personen zwei Kaffeelöffel voll. Die safranbereicherte Brühe muß eine mandaringelbe Farbe angenommen haben: so daß der Risotto, nach vollendeter Kochzeit, zwanzig, zweiundzwanzig Minuten, orangegelb erscheinen muß: für ängstliche Mägen genügen zwei gestrichene Kaffeelöffel, nicht gehäufte: und daraus wird dann helles Kanariengelb. Am wichtigsten ist, daß man sein Gemüt dem Ritual in Furcht der Götter zuwende, in Verehrung des ehrwürdigen Äskulap oder, besser gesagt, des Asklepios, und für den geheiligten Risotto auf Mailänder Art Ingredienzien von erster Qualität verwende: den obengenannten Vialone mit der obengenannten zerschabten Hülle, die obengenannte Lodibutter (Laus Pompeia) und die obengenannten Schnitze zarter Zwiebel; für die Brühe Rindfleisch, Karotten und Sellerie, die alle drei aus der Poebene stammen, nicht Fleisch von einem pensionierten Bullen mit balkanischem Gehörn und Gemüt: für den Safran empfehle ich Carlo Erba aus Mailand in versiegelten Döschen: eine Ausgabe von zehn, zwölf, höchstens fünfzehn Lire pro Person: eine halbe Zigarette! Keine Täuschung der Götter, keine Mißachtung des Asklepios, kein Verrat an der Familie, noch an den von Zeus Xenios beschützten Gästen, nur um Carlo Erba seinen wohlbemessenen Gewinnst* vorzuenthalten. Nein! Was die Butter angeht, so könnten, falls Lodi

---

* *Gewinnst:* in der römischen Mundart für Gewinn. Der Autor, der im Exil altgeworden ist, hat die alleritalienischste Sprache der unfehlbaren Zensoren vergessen.

nicht greifbar ist, Melegnano, Casalbuttano, Soresina, oder Melzo und Casalpusterlengo an die Stelle treten, also das gesamte Mailänder Flachland unterhalb der Quellgegend, vom Ticino zur Adda und hinunter bis Crema und Cremona. Zur Margarine sage ich: nein! Und zur Butter, die nach Seife schmeckt: nein!

Zu den denkbaren, sogar ratsamen oder von Supersachverständigen und Supertechnikern verlangten Zutaten gehört Knochenmark (vom Rind), das vorher bereitgestellt und für diesen Gebrauch behutsam in einem weiteren Nebentopf aufbewahrt wurde. Es ist üblich, das Mark etwa bei halber Kochzeit auf den Reis zu geben: mindestens eine Portion pro Tischgenosse: diese werden dann untergerührt und vermengt, mit dem Kochlöffel (wieder aus Holz), mit welchem man den Risotto seiner Vollendung entgegenführt. Das Mark verleiht dem Risotto, genauso wie die sehr maßvoll verwendete Butter, eine weise bemessene Fettigkeit: und unterstützt, wie es scheint, die blutbildende Funktion unseres eigenen Knochenmarks. Zwei oder mehr Löffel von rotem, schwerem Wein (Piemont) gehören zwar nicht zur obligaten Vorschrift, aber, falls geschätzt, verleihen sie dem Gericht jenen aromatischen Geschmack, der die Verdauung anreizt und fördert.

Der Risotto auf Mailänder Art darf nicht verkocht sein, pfui Teufel, nein!, nur ein klein wenig feuchter als körnig soll er auf den Teller kommen: das Korn zwar durchtränkt und geschwellt von den obengenannten Säften, aber jedes Korn einzeln, nicht an seine Genossen gepappt, nicht aufgeweicht zu Brei und Pamps, der niemandem gefiele. Geriebener Parmesan wird von den guten Risottoköchen kaum als zulässig erklärt, denn er würde die Mailändische Nüchternheit und Eleganz verherzhaften. Nach den ersten Septemberregen dürfen frische Pilze in die Kasserole; oder, nach Sankt Martin, dürfen sich trockene Trüffel, geschabt mit dem speziellen Trüffelschabegerät, auf den Teller senken, also auf den angerichteten Reis, dies ausgeführt vom dienstbeflissenen Aufwärter, der nach erfolgtem Mahl, nach beendigtem Fest, gebührend belohnt wird. Weder die Variation mit Pilzen, noch die mit Trüffeln vermag die tiefe, die vitale, die edle Bedeutsamkeit des Risotto nach Mailänder Art zu entstellen.

Der Mensch und die Maschine

Über die Meridiane der Erde ergeht minütlich der Schrei der Massen mit ihren tausend Stimmen und Gelüsten: »Wir wollen das PRODUKT!«

»Welches?« fragt bebend die Erde.

»Das uns den Hunger stillt und den Durst löscht«, plärren sie, »das uns von der Kälte befreit und von der nächtlichen Angst: und uns Musik bringt, für unsere Feste des Abends.«

Da beauftragt die ERDE den ARBEITER, den Demiurgen von alters her, das PRODUKT hervorzubringen, es an die Massen zu verteilen:

»Bekleide sie mir, – sagt sie – die Frauen, aber hör zu: mit den besten Kleidern, wie's nur möglich, du Geschäftsgeier, aber daß sie dabei so nackt seien, wie's nur möglich, hör zu!, denn so möchte man sie doch. Bekleide sie – sagt sie – die Kinder, aber nicht zu eng, damit sie noch treten und stoßen können, nein, nicht die Großmutter, sondern den Fußball. Tu dein Bestes, sieh zu, ich beschwöre dich! Sieh zu, ob du Essen für alle beschaffen kannst: und einen Tabakstumpen für die alten Kutscher, die im Wintermantel verkrochen sind, bei Gott, vergiß sie nicht!: und produziere Musik, Musik, soviel du nur kannst, für die Ohren aller.« Der Demiurg kann es kaum fassen. Seine wohlberechneten Griffe, sein ernstes Gesicht, vernunftvoll und überlegt, da, siehst du: sie stehen im Dienst des Produkts, das da heranreift. Lawinen von Erbsen in Büchsen, von Trompeten, von Puderquasten: der Schwall aus seinem siegreichen Füllhorn kennt keinen Stillstand. Berge von Gespinsten, Tüchern, von Bohnerwachs; Eisenbahnzüge, die wie lange Hobel die Geleise entlang durch ein Meer von Getreide gleiten. Und Wolken von Gondelmusik oder von Jazz, abgehackte Schluchzer aus dem Bauch aller Radios der Kontinente.

Wenn sie zu Ende geschluchzt haben, die Radios, verweht, gegen ein Uhr, der Zauber der Liebe, und die Menschenmengen gehen schlafen. Das Kindchen, den Mund halbgeöffnet, umfaßt mit seiner Wärme den Teddybär, an die Gestade der Glückseligkeit segelnd. Aber auch in diesen Stunden des Schlummers fließt, für uns Sterbliche, ein schwarzer Fluß weiter: das ist der Fluß des PRODUKTS. Frachtzug um Frachtzug verladen und entladen es wieder: von den Rampen der Fabriken zu den Häfen, zu den Lagerhallen der Städte: von dort zu den Märkten oder zu wieder andren Fabriken.

Auf dunklen Landstraßen überholen stumpfe Dinosaurier, mit ihrem Anhängerschwanz, den flinken, zerbrechlichen Radfahrer und schleudern ihn in den Graben.

Die Tanker, diese Ölzisternen, überklettern, wie alte Weiber, die gegen ärztlichen Rat sich auf Reisen begeben, die donnernden Wogenberge der Meere, einer nach dem anderen, um die Furt der Nacht zu durchwaten.

Die MASSEN erwachen vom Schlaf, hungrig, wie immer. Und der Demiurg läßt den Nudelwalker seiner Technik darüberrollen, knetet und dehnt den großen Teig auf dem Plättbrett der Erde. Vielleicht hat er gar chinesische Eier in seinen Teig gemengt: jedenfalls, er ist nicht ohne Zutat. Dem Himmel sei Dank.

DIE Maschine, die seit zwei Jahrhunderten in immer stärkerem Maß die Geschichte der Menschheit begleitet und ihre Kultur »mechanisiert« hat (vielleicht ein wenig zu Schaden der Lektüre der Evangelien), hat auch Tür und Tor geöffnet für Sprachbilder von geradezu animistischer Art; demnach möchte man die Maschine teilhaben lassen an unserem Fühlen und Denken und Tun und Erkennen. Der Arbeiter selbst spricht manchmal von ihr wie von einer denkenden Kreatur, er rühmt oder verachtet sie, je nach Verdienst, er haßt sie oder er liebt sie, wie ein giftiges oder ein nützliches Tier. In Wirklichkeit ist die Maschine nichts andres, als die Umsetzung unseres geistigen Vorgehens, in eine Tätigkeit veräußerlicht und automatisiert. Unter der Anleitung unseres Denkens ersetzt die Maschine unsere Bewegung und unsere Muskelkraft: getrieben (heute) durch eine der biologischen Welt fremde Energie.

Filippo Tommaso, der »futuristische« Lobredner und Hagiograph der »Energie«, konnte sich zu seiner Zeit kaum fassen vor Glück, daß er sich auf die Maschine und auf ihr Getöse stürzen konnte, um dem Lärm noch Krach hinzuzufügen. Ich wüßte nicht, daß er selber je Blut geschwitzt hätte in einer Fabrikhalle oder einer Werft, sich mit jener Last fürsorglichen Mühens beladen hätte, die man von der »Verantwortung« fordert, noch mit jener anderen Last angestrengten Werkelns, die man von der »Arbeit« verlangt. Obliegenheiten, die den Hymnen so fern liegen wie ein Braten den leeren Worten. Die Worte jedenfalls sind ihm gut gelungen, auf dem Theater: um damit herumzuwedeln, zum Lob der Maschine und der »Energie« der Maschine. Die Kulturwelt der Mechanik hat sich, im Licht seines Evangeliums, kaum bereichert mit guten Maschinen: und weniger noch mit guten Werken, außer denen, die sie sich selber verdankt oder bereits in der Mache hatte. Die guten

Maschinen kommen mit dem Lauf der Jahre zur Welt und zur Reife. Die guten Werke: nicht, daß ich wüßte. Die ersteren durch wachen kritischen Sinn, bis zum Überdruß auf die Arbeit gerichtet: durch langsames und umsichtiges und unverdrossenes Überlegen. Durch plötzliche Erleuchtungen, die, wie Blitz und Wetterleuchten, die elektrische Kraft zusammenfassen, welche sich im Gewölk der Jahre, der schweren Jahre, der Jahre des Schweißes, angesammelt hat. Zu einer solchen *ars inveniendi* möge jeder seinen Beitrag leisten. Heute dies, morgen jenes: und übermorgen macht man's nochmal und anders: was soll's?: das »Informative Konzept« ist auf den Kopf gestellt worden. Gut, gut, in Ordnung.

Ein Epigone des besagten Filippo Tommaso betitelte dann einen gewissen Einakter *Der Angsttraum der Maschinen.* Welchselbige aber gar keinen solchen erleiden, im Gegenteil, da sie reine pragmatikfördernde Verlängerungen des Denksystems »Mensch« sind. Die Automatik der Maschine, die selbstregelnden Charakteristika einiger Motorentypen sind abgeleitet aus der generellen Physik der Welt und aus unserer Dialektik, so daß ein dergestalter Motor daraus hervorzugehen vermochte: unbesehen seiner dumpfen, empfindungsfreien Natur. Und was er uns heimzahlt, liegt in Wirklichkeit in unserer üblen Verwendung, liegt daran, daß wir Menschen schlechte Herren, miserable Demiurgen sind.

Früher verliehen der Maschine vor allem Mensch, Pferd, Maultier und Esel ihre Muskelkraft. Dem Webstuhl, der Haspel, der Spinnmaschine, dem Mahlstein, der Pumpe, dem Wasserschöpfwerk. Und Plautus drehte dem Müller das Rad. Und ein Spinoza schliff Gläser für Brillen. Noch heute ziehen Ochsen den Pflug. Hunde und Rentiere den Schlitten; noch führen Menschen das Ruder, rühren die

Axt und das Beil. Die motorische Kraft der Maschine schöpfte viel stärker aus den Muskeln der ermüdeten Menschenmengen als heute.

Die Verbreitung der Dampfmaschine und des mechanischen Webstuhls zwischen dem Ende des 18. und dem Beginn des 19. Jahrhunderts brachte den Anfang einer »grandiosen Revolution« in der Geschichte der Menschheit.

Der Bevölkerungszuwachs in den zivilen Kontinenten, der sich im 19. Jahrhundert in viel größerem Maßstab als früher vollzog, gründet weitgehend darauf, daß sich zum menschlichen Arbeitszyklus die Maschine gesellte. Theoretisch sollte die Maschine nur ausführen und der Mensch nur befehlen: in der Praxis jedoch sind noch viele Arbeiten der Hand des Mannes und der, sehr wendigen, der Frau anvertraut: als da sind: Mauern, Zuschnitt von Kleidern, Verpacken, Gartenbau. In der Brianza, in Longone, sah ich, als nachdenklicher Knabe, arme Bauersfrauen, von unsicherer Zukunft bedrückt, wie sie an gewissen Brettern fingerten, als spielten sie seltsame Zymbeln, lautlos.

Im Akkord formten sie winzige Zellen für Seidenraupen – so etwas wie zugespitzte Kelche aus Ölpapier mit kleinen Löchern –, bereiteten und klebten sie über einer Form. Blitzartig stülpten sie über die Form ein Blatt, das nächste Blatt, das folgende usw.: holten sie von einem Stapel von Blättern, die sie zuvor nach der Spitzkelchform zugeschnitten hatten. Die Frau arbeitete sitzend, am kalten Kamin: mit eilfertigen Fingern an diesem ärmlichen Broterwerb: den ganzen Vormittag, täglich. Dabei sabberte und plärrte das Balg am Boden, das vom Jahr vorher, will sagen: das nächste drängte schon als verborgene Last, regte sich schon von drinnen, »sprang« schon, *id est:* verteilte von drinnen Fußtritte.

UND ich weiß noch, wie ich, als Junge, das Pferd mit verbundenen Augen das ganze »Triebwerk« einer Seidenweberei im Kreis drehen sah, in der Brianza. Das brave, schweißtriefende Tier, das man bewahren mußte vor Zugluft, ich spürte, daß ich es liebte und achtete: und es säumte mit seinem warmen, düngenden Kot den kreisrunden Lauf um den großen, kreisenden Motor aus Holz. Das Brustgeschirr und das Vorzeug saßen fest an zwei langen Stangen, die wie Kutschendeichseln waren, an der Nabe der Welt: und zwangen es in den Fixpunkt (wie man in der Mechanik sich ausdrückt): es, das Pferd, den Vierfüßer und den geduldigen Generator der motorischen Energie: dabei war es doch das Schwungrad, versteht ihr?, das per Huf sich bewegen mußte. Und mitsamt dem Schwungrad drehte sich, kreischend und knarrend, das ganze Triebwerk. Ein üppiger, herzhafter Geruch strömte stoßweise von der schwitzenden Kuppe: mischte sich mit dem Geruch von Unschlitt, mit dem die Verzahnung geschmiert war. Der ganze riesige Aufbau aus uraltem Holz, wurmstichig, so hoch wie die drei Stock der Fabrik, drehte sich, knarzend, hoch über uns, rotierte auf dem Schwerpunkt mit seiner geschmierten Nabe im Unterbau aus Gußeisen, der im Keller placiert war, im Finstern. Und mir machte das ein wenig Angst.

Ich wußte noch nichts vom fundamentalen Theorem der modernen Mechanik: aber schon damals begriff ich, von selber nachdenkend, was die Pferdeäpfel hier waren: »Das Äquivalent der ARBEIT.« Hin und wieder mußte das arme Tier auch eine »kleine« Notdurft verrichten: (was übrigens beim Pferd die große Notdurft ist, da dies es zwingt, haltzumachen): und der ganze Zirkus stand still. Das passierte um zwölf und um fünf, so daß die Verbindung zwischen den *Erfordernissen der Fabrikation* und den *Erfordernissen* des Herrn Motor hervorragend geregelt war. In Korrespondenz mit dem oberen Gerüst tanzten tausend kleine, nach Seidenkokons riechende Spulen, drehten sich rastlos auf ihren talggeschmierten Naben, entkleideten sich ihres güldenen Fädchens wie von endlos flüchtendem Strahl, mit dem sie jedoch die großen Haspelquader bedeckten. Gewiß nicht in Seide gekleidet, schaute ein Knabe verblüfft auf diese komplizierte ptolomäische Mechanik, aus der zu schließen war, daß man, um das Rotieren des Spindel-Planeten zu erreichen, von ganz unten, von den Fundamenten aus, das ganze Himmelskastell in Bewegung setzen müßte wie eine Winde.

ANDERNORTS ist es der Wind, statt des Pferdes, der die Maschine bewegt: Windmühlen, Windpumpen, Windsegel bei den Schiffen.

Der Wind war die motorische Energie der Seefahrer und der Entdecker der Kontinente: für Kolumbus, für den Vespucci, den Magellan.

Andernorts ist es das Wasser, als flüssiger Motor: bei den hydraulischen Rädern, den hydraulischen Turbinen: Hämmer, Mühlen und Walken saht ihr schon in längst vergangenen Zeiten an Fluß und Bach. Gegen Ende des letzten Jahrhunderts brachte uns die Verwendung des flüssigen Brennstoffs auf den Weg zum Explosionsmotor: gleichzeitig verbreiteten sich die Gasmotoren, die man in den Kohlenbergwerken verwandte.

Das Feld wurde längst behauptet von der Dampfmaschine als Quelle mechanischer Energie: (auf Kosten der chemischen Energie der Kohle). Dann weiter: in den letzten Jahrzehnten des vergangenen Jahrhunderts setzte sich in der Industrie die Verwendung der Elektrizität durch: der eleganteste, der sauberste von allen *flüssigen* Motoren.

Dieses mysteriöse *Fluidum* ist der Ankunfts- und Abfahrts-
ort einer Reihe von Umwandlungen der Energie: von mechanischer zu elektrischer und umgekehrt. Und der Moment des Übergangs, der in der Lenz'schen Regel be-
schrieben wird, entzieht sich noch heute, was seine innersten
Ursachen betrifft, unserer Kenntnis, die sich auf reine Hypothesen beschränkt, und auf Messung der Phänomene:
abgesehen, wohlgemerkt, von deren Nutzbarkeit.

Der Elektrizität gegenüber sind wir Säuglinge, die Milch
aus der Brust der Amme saugen, ohne zu wissen, wie diese
Amme drinnen konstruiert ist.

Nicht immer aber ist die Maschine eine Antriebsma-
schine, also Motor.

Der Demiurg bedient sich auch der werkenden Maschine:
er nimmt Werkzeuge oder Systeme von Werkzeugen, die
statt seiner die Arbeit ausführen, Apparaturen, die seine
Sinne schärfen oder ihm die physischen Zustände liefern –
Hitze, Kälte, Feuchte, Trockenheit, Glätte, Haftung –, die
für seine Arbeit notwendig sind. Und die Vielseitigkeit und
der »ingeniöse« Scharfsinn der Werkzeuge reicht an die
Grenzen des Unglaublichen. Maschinen für die mechanische
Besohlung der Schuhe, zum Falten von Pappstreichholz-
schächtelchen, Nähmaschinen und automatische Sackfüll-
maschinen. Kompressoren, Umfärbemaschinen, Kühlma-
schinen.

In einer Streichholzfabrik, in der ich am Rio Plata häufig zu tun hatte, stellte ich fest, daß alle Operationen ma-
schinell ausgeführt wurden: nicht aber das Einfüllen der
Wachshölzchen in die Schachteln. Das zu mechanisieren
war nicht möglich: und es besorgten die flinken Hände und
beweglichen Finger netter Mädchen, braune wie helle, von
spanischem und italienischem Blut. Das Anbringen der
Gummischnürchen an die Schächtelchen, Donnerwetter!,

das sogar besorgte eine Drehmaschine auf waagrechter Platte, die höchst raffiniert erdacht war: die drehte sich, tracktrack, tracktrack, und schnalzte und schnalzte. Ein Schächtelchen ums andere traf auf den Punkt, wo ein Leimpinselchen es beleckte: und schon war das bereitliegende Gummischnürchen auf den Leim gegangen. Dieses große, aus lauter winzigen Aggregaten aggregierte Aggregat wurde ganz geheim gehalten, die Nordamerikaner hätten es gewiß gern »kopiert«. Ein bärbeißiger Mann aus Genua, großer Speckbauch und Doppelkinn und sehr geschickt in mechanischen Dingen, hatte das Ganze ausgeknobelt, nach jahrzehntelangem Basteln und Brummeln in der Fabrik.

Schon sind die Maschinenparks für Textil und Papier klassische Beispiele intelligenter Automatisierung. Und die unabsehbare Familie der Geräte: für die Bearbeitung der Metalle, des Holzes, des Steins; und die Maschinen für den Druck und den Schriftsatz.

Die elektrische Bewegung – (ich meine mittels je eines selbsttätigen Motors) – hat sie sauberer gemacht und zuweilen makellos: hat sie auf immer befreit von der sperrigen und lärmenden Herabkunft der Kraftübertragung. Aber das Hirn des Technikers bleibt dennoch der Sitz des Denkens, des Planens, des Prüfens all ihrer Tätigkeit: dieser Tätigkeit, die an und für sich einer leeren Geste gleicht, dem blinden Treiben der Schlafwandlerin.

Eine Baustelle in der Wüste

Die Fabrik war ein weites, eingezäuntes Quadrat: und dort erhoben sich die ersten Ziegelbauten, um die noch die Gerüste standen: rund um sie ein Durcheinander von Baumaterial, Kisten, noch verpackten Maschinen, einfach am Boden abgestellt und notdürftig mit Planen abgedeckt: und überall Karren, Pferde, schlammige Pfützen, eingeborene Handlanger und unsere blaufarbigen Mechaniker, welche mit ihrem Hin und Her die Zwischenräume belebten, über Balken und Bolzen stiegen, Zementsäcken oder Mörteltrichtern auswichen: einer urinierte besinnlich in einer Ecke; der Kopf dieses Nachdenklichen ragte über einem Holzstoß hervor. Durch bläuliche Brillen wurde der blendende Widerschein der höllischen Vormittage gedämpft: keinen Schutz hingegen gab es vor dem teuflischen Schlagen des Dampfmotors, welches das grausame Licht erfüllte. Im glühheißen Tag troffen wir von Schweiß im Gesicht und auf der Brust, selbst wenn wir stillstanden.

Das »Pferdchen« bewegte einen Dynamo und sorgte damit für den elektrischen Bedarf der Baustelle, während wir die Elektrozentrale errichteten. Backofenstunden, obgleich man von sechs bis zehn und von vier bis acht arbeitete und den Höhepunkt des Tages über aussetzte.

In diesen Stunden schien der Kopf ein Eigenleben zu führen, nach den himmlischen Keulenschlägen. Vor dem Frühstück trank man gierig große Gläser mit Selterswasser und Wermuth und ein wenig Fernet, worin Eisstückchen schwammen: dieser Heiltrank war die Wonne und die flüchtige Erfrischung für uns Gringos. Um sechs, beim Sonnenuntergang, tranken wir Mate; sogen ihn durch ein Silberröhrchen aus der breiten Kürbisflasche, die ganz voller schwarzer Muster war wie eine Vase aus Tarquinia oder Rhodos: der Mate, dieser grüne Absud und Vergessenstrunk der westindischen Länder, welcher die Seele zu den Untergängen ohne Wiederkehr geleitet.

Sie brachten ihn mir ins Büro an den Zeichentisch, zu der Stunde, in der ich nicht einmal mehr die Kraft hatte, die Bleistifte zu spitzen.

Die Fabrik, die hier errichtet wurde, war das Werk von Italienern, eine typische »algodonera«, die größte im Chaco. Man führt den »algodoneras« die Baumwolle (algodón) zu, die im ganzen weiten Bezirk eingesammelt wird.

Der Anbau der Pflanzen mit den Watteblüten hatte sich in den Kriegsjahren in der Provinz mehr und mehr ausgebreitet; viele Siedler verwandten nunmehr darauf ihre Mühe und ihre langsam erworbenen Ersparnisse. Die algodonera führt einen ersten Arbeitsgang der Säuberung der Faser aus und füllt das Rohmaterial in Säcke ab, bereit für die Spinnereien, die im Gebiet von Buenos Aires liegen, zweitausend Kilometer entfernt.

Sie erledigt außerdem eine vollständige Verarbeitung der Samen, wobei ein annehmbares Öl gewonnen wird: ziemlich verbreitet als Nahrungsöl, dort, wo es weder die tausendjährige Ölmühle noch den silbrigen (oder roten) gewundenen Stamm des theokritischen Ölbaums gibt.

Die Abteilungen für die Stapelung und die Verarbeitung, ein chemisches Laboratorium, geleitet von einem »Doktor aus Pavia«, und die kleine thermo-elektrische Zentrale. Ich war mit dem Montieren dieser Zentrale befaßt: Heizkessel, Dampfantrieb, Wechselstromgeneratoren, Schaltzellen; dazu die elektrischen Leitungen und die Installierung der Motoren in den einzelnen Abteilungen. Dann gab's die Verteilernetze für den Dampf und das Wasser, das Licht und die internen Telephonanlagen.

Der Direktor, zuständig für den Einkauf und das Einsammeln, war sehr häufig unterwegs durch Dschungel und Lagunen, und auch beim Dreschen in weit entfernten Gehöften; meist allein, zu Pferd: einem schwarzen, großen, fetten Pferd, so daß er wie der Gattamelata* aussah. Ganz auf Hochglanz.

Wenn es schüttete oder wenn er Geld zur Vorauszahlung bringen mußte, dann griff er sich die Wanze, den Ford, und nahm den Chauffeur mit. Immer bewaffnet: Revolver, »y si non bastara cuchillo«: mit einem grauen Schnurrbart, wie der Kaiser, zwei graue Äuglein, wie ein altes Wiesel, so sagt man bei uns, mit polákes (Ledergamaschen), gelb wie Gänsefüße, um über die Schlangen steigen zu können: schlau wie der Schwanz des Teufels, hochfahrend und trocken: und hatte ein ganzes Leben in zwei Erdteilen hinter sich, voller Stiefel, voll von Waghalsigkeiten und entblätterten Erinnerungen, Eisenbahngeschichten, Schwellen, Dämmen, Bahngeleisen, die er im Akkord durch die Wüste und die Pampas verlegt hatte, als Befehlshaber über Arbeiterkolonnen jeder Hautfarbe: Ägypten, Rio Negro.

Vom Vizekönig** zur Ebene des Congreso.

Beim Streiten platzte er, in jähen Anfällen von Begeisterung oder Erbleichen, mit einem bizarren Italienisch her-

---

* Bronzenes Reiterstandbild von Donatello in Padua, den Condottiere Gattamelata darstellend. (A. d. Ü.)

** Vom Vizekönig (Ägyptens) zur Ebene des Congreso, welches das argentinische Parlament ist.

aus, halb plata, halb spagnolesk: es war ein Kauderwelsch eigener Erfindung, häufig äußerst gelungen. Unser syntaktisches Gewebe trieb unentwegt Blüten ins Lexikon von Kastilien, welchselbes ebenso deformiert wurde: »Como el perro me vino incontro«, so sagte er, »entonce ho montato sopra la vereda« (Als dieser Hund mir entgegenkam, bin ich aufs Trottoir gestiegen).

Aber er war in seinem physischen Gehaben sehr weltmännisch, er hielt sein Fernetgläschen volle Viertelstunden in der Luft, ohne darauf bedacht zu sein, es zu leeren, und führte das Gespräch weiter. Ebenso liebenswürdig nach außen wie reizbar im Innern, ein wenig gelb vom Chaco, manchmal etwas überdreht, in einer Falte der Lippen und einem Lodern des Blicks, welche ein Lächeln sein wollten und stattdessen eine grausame Fratze waren, die ihm von den Steppen, den Streitereien und den Mühen zurückgeblieben war.

Äußerst distinguiert, spagnolesk-liebenswürdig und nobel seine Gattin; dicklich, mit ganz weißer Haut und in ihrem Gehaben langsam, majestätisch, unnachahmbar elegant. Wir alle zollten ihr petrarcahafte Verehrung.

In den vertraulichen Momenten des Wermuth erzählte er mir, beinah ins Ohr, von gewissen Mohrinnen oder Jüdinnen, oder was auch immer, in Alexandria oder in Kairo, mit einem Seufzen, das mich schließlich traurig machte, trotz unserer nicht besonders vertrauten Beziehung. »Jahre!« murmelte er, indem er mit einer Hand sich über die Stirn strich, »Wieviele Jahre!« Einmal sogar war er es, der zu mir sagte: »Wissen Sie, Herr Ingenieur, die andern leben ein wenig auch von unseren Erinnerungen!« Damals machte ich mir keine Gedanken darüber. Aber heute!

DIE gelernten Arbeiter, Mechaniker, Elektriker, waren Italiener oder Argentinier mit italienischen Namen: die Handlanger, die Maurer, die Mörtelrührer kamen hingegen vom Land und aus dem Urwald, Abkommen alter Konnubien zwischen den Indios und den spanischen »Conquistadores«. Diese Halb-Indios waren hundearme Kerle, grünlich im Gesicht, schwarze Augen, glänzend und trügerisch: das Weiß der Augen leicht gelblich von der Leber, welcher der Alkohol in diesem subtropischen Klima ein ganz schlechter Freund ist; Schnurrbart à la Vercingetorix, schwarz. Barfüßig, steckten sie in Baumwollhosen und Jäckchen, himmelblau oder gelb, wie in billigen Pyjamas: die aufgerollten Hosen ließen Knöchel und Füße frei, wie in expressionistischem Gegenwartsstil. Manchmal sah man ein rosa Halstuch, und sie trugen unter der grausamen Sonne Strohhüte mit sehr breitem Rand, wie bei uns die Gemüsegärtner.

Und dennoch sehe ich sie eifrig niedergebeugt über einer europäischen Arbeit, mit geduldiger Kelle und mit dem Hammer, wie sie im schonungslosen Lohen des Lichts mit leichter Hand auf einen Ziegel klopfen, um ihn besser einzufügen, nachdem sie ihn genäßt und angesetzt haben, mit dem ihnen eigenen behenden Verstand, mit einer gewissen tierischen Hingabe an die unmittelbare Finalität des Werkes, in gefügiger Unterwerfung unter den Befehl.

Sie arbeiteten müde, in diesem Klima, wo keiner frei über seine Kräfte verfügt, in den befreiten Morgenstunden: unter dem Himmel, der den Menschen noch vor der Arbeit knechtet. Sie arbeiteten die ganze Woche hindurch, damit sie sich am Samstagabend, nach der Entlöhnung, betrinken konnten: am Samstag traten sie endlich ein in die seligen Gefilde der caña (Aquavit), die die Völker und die märchenhaften Königreiche zerstört hat, indem sie sie der Tuberkulose und dem Tod auslieferte. (So sagte man. Andere meinen, es sei Schuld der Spanier, der Feuerwaffen, der Syphilis etc.).

Und sie hatten einen dunklen und primitiven Sinn für Gerechtigkeit und Gehörigkeit, für das Gesetz und das Maß. Sie nahmen ihr Geschick als Gesetz, gegen das sich aufzulehnen etwas Verruchtes wäre. Der Mann von draußen, der »gringo«, den sie verachten und den sie hassen möchten, übt über sie die wirksame Oberhoheit des Geldes, des Verstandes und des Handelns aus. Er errichtete Fabriken und Mauern, wo sie Hütten hatten aus Schilf und faulem Stroh.

Dort, an der Baustelle, fand ich Bestätigung für eine Feststellung, die schon oft getroffen und in der Welt der Hegelschen Geschichten schon längst vulgarisiert war: das Unbewußte jedes Menschen akzeptiert den Befehl seines Gleich-Ungleichen, sofern es nur motiviert ist, und vielleicht sogar gegen seine Gewohnheitsschemata: es überläßt sich, widerstrebend oder willfährig, der Technik des realen Ereignisses. Eine »religio« und eine Ökonomie geben ihm die Unterwerfungshandlungen ein.

Ich begriff, daß der Mensch unbewußt, in einer Art »religio«, die reale Überlegenheit eines Seinesgleichen akzeptiert, wenn auch gegen die Schemata seines Verstandes: er ergibt sich, selbst im Widerstreit, dem realen Ereignis. Nichts jedoch gab mir, in diesen Wildnissen, Aufschluß über die fiktiven Dinge.

Sie sprachen, oder es schien mir doch so, ein harmonisches Spanisch; das wundervolle Idiom Kastiliens ertönte aus ihren fernen und grünen Gesichtern wie ein klares, ewiges Gebet: die hehre Fabel der zentralen Geistigkeit, der goldene Strahl des Gestirns, das nicht untergeht*, das

---

* Gemeint ist das Gestirn der Leuchten Europas, der Kultur Roms und Spaniens.

sein Licht auch auf die andere Seite des Ozeans ausschüttet, über alle die unermeßlichen Provinzen des Königs. Eine vollendete Überredungskunst sprühte aus dieser ihrer Sprache, die mir gar als verschwendete Musik und Logik erschien, an diesem Ufer der kaffeebraunen Savannen, am dunklen Rande des Urwalds, wo die Schlange sich ins Lianengewirr flicht und, furchterregend gefleckt, vom Ast des quebracho* baumelt.

Ich zeigte ihnen mit dem Metermaß und dem Lot, was zu tun sei (die komplizierten Fundamente für die Maschinen, die genau bemessenen Öffnungen): mahnte sie dann, die Ziegel und die Zurichtungen gut anzufeuchten.

Geduldig führten sie, nach für sie ungewohnten Berechnungen, mit Metermaß und Lot alles aus. Sie haßten den Assistenten, einen Deutschen, der darauf aus war, die Maurerarbeiten im Akkord zu schaffen, und sie beschuldigte (wenn auch mit einigem Grund), daß sie nicht zu arbeiten verstünden.

Sie haben Frauen, eine jeweils, und Kinder. Ihre Hochzeiten geschehen ohne Diakon oder Zeugen, in der grünen Kraft der Erde: ohne Bewirtung, ohne silberne Geschenke. Dann, Jahre später, wird geschieden: jeder der beiden Gatten nimmt sich drei von den Kindern, und jeder geht mit einem anderen Gefährten in eine andere Hütte, mit der verbliebenen Hälfte seiner Kinder und mit der Hälfte der Kinder der neuen Frau oder des neuen Gatten.

Ich gestand mir selber täglich vier Duschen zu, vor und nach jedem Turnus der Schinderei. An der Decke installiert, stand die Rose der Brause über mir wie eine wohl-

---

* Aus der Rinde und dem Holz des quebracho (Schinopsis Lorentzii) wird Tannin für Gerbereien gewonnen. Scheite oder Späne des Holzes werden auch roh zum Gerben benutzt.

tätige Konstellation, ich fühlte mich wie eine glückliche Karotte unter der Gießkanne. Über Oberarmmuskel und Hals rieselte das Wasser der Sümpfe, schokoladenfarbig vom Tannin der Wurzeln, unendlich frisch und ersehnt. Dankbarkeitsgefühle für die Zentrifuge. Außerdem dachte ich, daß dies Wasser mich kräftige, ich glaubte damals ans Tannin, an den Saft der Schlangen.

An den Fenstern metallene Gitter, über den Betten hermetische Mückennetze.

In dem zarten Netz, das den Rahmen meines Fensters ganz ausfüllte und verschleierte, widerspiegelte sich, regenbogenfarbig*, das letzte Licht. Es schien, als entferne und verfinstere sich die Welt; über den Mähnen der angsterregenden Wälder – die Nacht, die dunkle Verlassenheit. Dort atmet und härtet sich, im tausendfachen Gewirr, die Kraft des quebracho: während langsame Jahrhunderte aus Wald und Wassern verdampfen, zu den künftigen Atlanten. Ferne Imperien lösen sich auf oder werden neu geschaffen, nach den Tagen des Stockens und des Staubes. Solche Gerüchte bringen die Gringos herüber von ihren Ländern, und sie faseln von Zwillingen, die von einer Wölfin gesäugt wurden, und von Classe** und von Byzanz. Sie erfinden Kuppeln, Goldschmuck, gelbe Segel an einem Strand, der Venedig heißt, wo ein purpurner Löwe seine Flügel über jedes Segel und übers Buch erhebt: und wo sich, am Strand, Güter stapeln, vor dem märchenhaften Schimmern des Meeres.

* Regenbogenfarbig: das bekannte Phänomen des Irisierens durch Strahlenbrechung, welches durch das Drahtgitter am Fenster, zum Schutz vor Faltern und Mücken, ausgelöst wird.

** Oppidum classis, der Hafen des Augustus in Ravenna, daher der Name Classe (›classis‹, lat.: Kriegsflotte. A. d. Ü.) Zur Wölfin gehörend: Byzanz und Venedig.

Der quebracho, der Baum von härtester Faser: daher die schönen Schreibtische der Direktoren und der Minister, die Pfosten der wunderbaren Tore am Congreso.

Die englischen Gesellschaften besitzen Wälder von quebracho, größer als ganz Latium.

Es kam die Nacht, alles rückte fern, das rote Flammen war entflohen, um in die Mähnen fernster Wildnisse zu tauchen: ich war allein. Da, während ich mir den Nacken trocknete, schaute ich hinaus, sah einige Arbeiter aus der Fabrik kommen, auf der ockerfarbenen »carrera«. Den achtzigjährigen Indio, ehemals Stallbursche, sah ich davontaumeln; er redete mit seiner Acheronsstimme, als hätte er eine Gräte im Hals, und einen endlosen Katarrh; er war runzlig im Gesicht wie eine tausendjährige Schildkröte.

Jetzt ging er betrunken davon, wie gewöhnlich, und schimpfte, wie gewöhnlich, auf alte Verfolger, die längst tot waren: ihre verfluchten Schatten erschreckten ihn nicht, er schritt glücklich dahin auf dem Weg des Vergessens und des Wagemutes, nach der caña fürchtet man nicht Tod, nicht Teufel; alles ist herrliche Freiheit, alles ist Eroberung, für den Hidalgo und für den Soldaten. Sollen sie zum Teufel gehen, die Wachen, die Krokodile! Der Direktor beschlagnahmte ihm regelmäßig den Lohn, damit ihn nicht während des Rauschs und im Schlaf die Jungen beraubten, zwischen Samstag und Montag.

Was tat das? Der domingo ist ein zeitloses Epos, voller Gold: Prunk, unendliches Lodern der roten Erinnerungen, die mehr gelten als jedes Jetzt: alles lodert in der Seele, an der sperrangelweit offenen Tür der Nacht. Die caña verzehrt das Elend und den ganzen elenden Lohn, sie sollen alle zum Teufel gehen!

Aber es war keine Gräte, und kein Katarrh: es war ein fürchterlicher Messerstich aus der Jugendzeit, der ihm den

Hals geöffnet hatte: vor sechzig Jahren, in nächtlichem Dunkel. Er hatte den schrecklichen Schnitt mit Schlamm und mit Pferdemist bedeckt, der antiken Medizin der Indios gehorchend. Indem er sich reglos am Boden ausgestreckt hatte, war der laue und schreckerregende Schwall versiegt, gestockt. Mit der wilden Widerstandskraft seiner ganzen Seele hatte er den Tod erwürgt.

Der jetzige Stallbursche, zwanzigjährig, kam, nachdem er das Pferd getränkt und ihm Heu hingeworfen hatte, hochmütig und mit erhobener Stirn heraus. Rote Wolken wie vom Widerschein eines Brandes lasteten erneut über den Wildnissen: ich sah ihn allein dahingehen, ein Stück, über den erdfarbenen Weg*: er schritt edel, einen breiten Gürtel um die Taille und in einem blütenweißen Hemd, auf die Schatten des nahen Gestrüpps zu. Dort erwartete ihn eine Frau: ohne sich zu begrüßen, gingen sie, Seite an Seite, dann machte der Weg eine Biegung und entzog sie dem Blick. Andere Bilder besetzten mein Denken, während ich mir weiter den Hals trockenrieb, das Kinn und die Ohren.

* Ungeschotterter Fahrweg, dann ein Pfad.

Die Abruzzen. Menschen und Land

Wir fuhren hinauf, entlang der Bergkette, vom Gebiet der Marsica her, im Nachmittagslicht den Fucino hinter uns lassend: der sich unterm Blick, in seinem Dunst bebend, hinbreitete, kaum daß das Postauto über Celano hinausgelangt war. Wieder ging es bergauf. Kräftige, widerstandsfähige Kiefern lagen in dichten Flecken überm sonnenbeschienenen Berg. Bei Ovindoli verschwand, nach vielen Kurven und Kehren, die Marsica: auf manchen Berghäusern wehten grünweißrote Fähnchen, aus einigen Kaminen stieg ein zarter Hauch gegen den weißblauen Himmel.

Zwischen dem Paß von Ovindoli, nach leichter Senkung, und Rocca di Mezzo erreicht das Postauto mühelos und sanft das heitere Hochplateau, eine magere Weide. Direkt vor uns, geisterhaft, das Weiß des Sirente. Ein Jäger, der vorn Platz genommen, trug Stiefel, zwischen den Beinen die Flinte: auch er schaute gedankenvoll auf das Leuchten, auf die Waldflecken. Vom Norden und Osten hob sich wieder ein Joch empor: mit sanfter Neigung, die Hochebene, deren Höhepunkt es bildete, nur leicht überragend. Wie riesig war der Berg! Mit welcher Hingabe hätte ich, mit zwanzig, seine Schründe gesucht und durchklettert! Aber das Postauto fuhr eilend und entführte mich durch die Ebene der Zeit.

Eine zähe Bäuerin mit einem Aletto-Gesicht, hatte das Auto mit Kleiesäcken, mit Bündeln vollgestellt: gelben

112

Hanf hatte sie aneinandergeknotet, um das Zeug zusammenzuhalten. Auf einmal: über und über ist der sonnenversengte Höhenzug mit rostrotem Buchengestrüpp bedeckt – runde, verfilzte Büsche, ein goldenes Herbstvolk. Von dort: die Drosseln mit dem linden Herz in der Kehle, und die erschreckte Schar der Steinhühner.

Zwei junge Leute, die sich zufällig auf dieser Fahrt getroffen hatten, unterhielten sich, Seite an Seite sitzend: sie war in Ovindoli zugestiegen, er kam von drunten zurück: langsam waren ihre Sätze, Frage und Antwort, und sie sprachen sie erst aus, nachdem sie ein wenig nachgedacht hatten, erst der Blick, dann das Wort – wie man zu einem Treffen oder einem Ball sein bestes Kleid anlegt.*

(Wir zogen die Fensterscheiben hoch, die sich beschlugen.) Die beiden stiegen in Rocca di Mezzo aus, auch das Aletto-Gesicht: und sie stieg, die Haare zerzaust, mit den Füßen auf den karminroten Ledersitz, um die Säcke und dann all die Bündel herunterzuholen, hinterließ den riesigen Abdruck ihrer staubigen Schlappen und wohl auch einige Kratzer von Nägeln. Der Kondukteur wurde böse: »Eine Lira habt Ihr gezahlt fürs Billett und macht einen Schaden von zwanzig!« Der besiegelnde Vorwurf machte den Schaden nicht wieder gut. Ich litt sehr wegen dieser Schrammen und Kratzer auf dem schönen Maroquin, um so mehr, als ich sie schon im voraus im Rückenmark hatte kommen gespürt.

In Rocca di Cambio, am Lidrand des neuen Schattens**, nahm eine weinende Familie, vielleicht in Trauer, Abschied

---

* Der Verfasser bezieht sich auf die Sprechweise der Personen.
** Das Tal des Aterno nimmt man, vom Rand der Hochebene aus, während das Postauto die Talfahrt beginnt, als einen See von Schatten wahr.

von zwei jungen Männern, die zur Stadt hinunterfuhren, vielleicht zum Notar und wegen der Steuern: es lag in der ganzen Szene etwas Altertümliches und seltsam Langsames, beinahe die Strenge einer unwandelbaren Vorschrift und Tradition.

Dann begann die Straße sich hinunterzuwinden, in Schlangenlinien, legte sich um die bewaldeten Vorsprünge des Berges, hinab zum Aterno: schon brachte der Abend uns die Schatten und neue Dinge und Zeichen: der Gran Sasso schaute auf uns wie ein übermächtiger Gedanke, schraffiert vom weißen Geäder des Schnees, im schwarzgrauen Dreieck des Corno Grande. »Wer sind«, schien er zu sinnen, »diese paar Strichmännlein in der roten Ameise von Wagen? Ah, da kommt dieser alte Geizkragen des Wegs, vor dem Zeus mich schon lange gewarnt hat, den, wenn er redet, keiner kapiert.«

Inmitten einer Kehre, wo eine Gruppe von Landfrauen stand, die Krüge oder Körbe auf dem Kopf trugen, gestützt vom schwarzen Kapitell eines Schals oder Tuchs, bremste das Postauto und hielt an: es waren ihrer vier oder fünf, die vom Steig zwischen den Kastanien heruntergekommen und stumm vor uns aufgetaucht waren, magre und braune Kanephoren mit leuchtenden Augen und ein wenig eingefallen im erdfarbenen Gesicht, vom Gebären ausgezehrt: ich dachte, sie wollten mitfahren, zum Verkauf in der Stadt: statt dessen boten sie uns jedoch Erfrischungen feil, Wein und »scamorze«* zu erfrischender Rast auf der Reise, unter den alten Kastanien, zur Vesperstunde.

Es war also das »Heiße Würstchen, kalte Getränke!« dieser Bergstation, die verloren im Traum des Abends lag: milde hing dieser bereits über den gelinden Gefällen und

---

* Kleine und köstliche Frischkäse der Abruzzen und Apuliens.

den Feldern und dem Gestrüpp, nah an der harrenden
Herberge und der ländlichen Hauptstadt. »Scamorze«
konnte ich nicht essen, versuchte mit höflichen Zeichen aus-
zudrücken, daß es mir unmöglich sei; die Kondukteure
deckten sich ein. Die Frauen grüßten uns mit einem Leuchten in den Augen, fröhlich fast, und machten sich, so sah
ich, in dichter Gruppe, wieder auf den einsamen Weg.

HIER liegt es, das Tal.
Über Felsvorsprünge und linde Hügel, jenseits der be-
schatteten Gräben, sah ich schon die alte Mauer, hinauf-
und hinabsteigend, vorpreschend und zurücktretend, ringsum sich schließen: um mit umsichtigem Eifer die Höhen zu
bewehren, aus denen die Stadt gekeimt war. Sie umschloß
Häuser und Türme, welche das Licht des etruskischen
Westens mit Ocker tönte. Hohe Berge bildeten den Hinter-
grund dieses Szenariums: und sie verbargen Umbrien: der
wächserne Terminillo, fast violett gegen den Schatten: von
woher, nach Rieti und in Richtung Città Ducale und An-
trodoco, mit weißer Gischt und heroischem Ächzen der
Dampf hervorschießt. Er kommt von Piediluco und von
Terni, wo ich vor Jahren gearbeitet habe.
Wo Curius dem zögernden Abfluß der Wasser beisprang
und in den tiefen Nar allen Überfluß des Velino ergoß:
und so die Ebene vor Rieti für den Weizen trockenlegte.
Darüber, an den Schluchten des Nera, verwandeln heute,
bei Galleto, mächtige Transformatoren die Schwerkraft in
Strom, das Wasser des Berges verschlingend: wie ich schon
anderswo schrieb. Wo das Tal sich öffnet und in zweierlei
Richtung teilt, nach Umbrien das eine, das andre nach Piceno, stellte ich mir, zwischen offenen Feldern und verstreu-
ten Gehöften und Dörfern, die sauberen und behauenen

Steine des sabellischen und römischen Amiterno vor: von
woher Sallust stammte, der Prokonsul von Numidien
»rerum romanorum florentissimus auctor«, »subtilissimus
brevitatis artifex«*. Der Milliardär mit der kraftvollen
Prosa, in der ganzen Universal-Geschichte der reichste unter meinen unzähligen Kollegen, Zielscheibe meines doppelten Neides, er war von dorther gekommen.

Da tauchte nun L'Aquila auf, um uns zu empfangen,
und zeigte sich, nach den fremden** Einsiedeleien des Bergs,
als befestigter Hauptort, »Stadt der Kastelle, der Religion
und der Hirten« wie Bacchellis Gruß*** für sie lautet: da-
hinter eisige Schneefelder und der schwarze Gipfel Italiens gen Himmel, wie eine Mahnung fast an die Vorstellung stürmischer Kälte über der Wärme der Herberge, wo
Licht brennt, wo es Feuer gibt: darum versammelt, im
Kreise, die Menschen.

Ich hatte einige Hoteladressen: und »sollte« das Zicklein
bei Macallè probieren. Das rote Postauto überkreuzte, auf
der Brücke, die Schlucht des Aterno: und fuhr hinauf zu
seinem Postamt in der Stadt. Durch die Porta Napoli fuhren wir ein, wo neue Häuser und Fabriken von neuem
Wohlstand kündeten, von kühnen Absichten: dann ging es
über den Corso Federico. Graue Paläste engten den fernen, schmalen Himmel ein: dann Kirchen, der Turm, die
Milizen. Droben, auf der Höhe, wachte das Kastell.

Aber die Abendstunde richtete meine Schritte auf ein
großes Licht, bis endlich die gesuchte Klarheit mir ganz in
der Seele aufging: sie herrschte, für mich, in der einsamen

* Aus dem Epitaph des Denkmals von Sallustius Crispus in
L'Aquila.
** Fremd, d. h. der Gesellschaft und der Kultur der Menschen
gegenüber fremd.
*** In einem Feuilleton im ›Corriere della Sera‹.

Stille, für mich Verirrten.* Hoch und quadratisch spiegelte
der Entwurf des Nicola dell'Amatrice die goldene Trauer
des Okzidents wider, nachdem der Weg des Heiligen sich
vollendet, das schöpferische Fieber des Steinmetz erloschen
war. Blondes Licht! Über die Berge und die Täler hinweg,
hatte der Mann aus Siena es zu erreichen vermocht. Zu
seinem Marmor, Grashalme zwischen den von den Jahren
ermüdeten Fugen, führen uns die Tage und Taten: ohne
Furcht oder Hoffnung schreiten wir auf schweigsamen
Wegen, an unserer Seite die geisterhaften Gestalten der
Erinnerung und die unsichtbaren Übel.

Die breite und steile Freitreppe mit schlechtgefügten
Stufen, mit lombardischen Roßkastanien und zerzausten
Akazien an beiden Seiten, war mühsam, wie jeder An-
stieg: da saß nirgends ein zittriger Bettler, kein jammern-
der Lahmer; während ich von der Tristheit der Zeit eine
Seele, jemandes Gegenwart erflehte: wenn auch nur ein
Armseliger, dem sich neigenden Licht entgegen, seine blin-

---

* »Auf ein großes Licht«: gemeint ist die Fassade der Kirche
San Bernardino, entworfen von Nicola Filotesio, genannt
Nicola oder Cola dell'Amatrice, und datiert auf das Jahr
1540.
Amatrice ist die bekannte Ortschaft (955 Meter ü. d. M.) zwischen dem Gebiet von L'Aquila und dem von Piceno. »Die
gesuchte Klarheit« ... »Zu seinem Marmor« ...: solche Ausdrücke sind einer melancholischen Sehnsucht des Verfassers
nach dem 15. Jahrhundert zuzuschreiben: (Cola dell'Amatrice ist zwischen 1521 und 1547 in Ascoli Piceno tätig; sein
Stil war jedoch etwas verspätet.) Diese Melancholie führt zu
einer Abstraktion des Gefühls und zu »antihistorischen« Träumen. »Verirrten«: das ist kein zufälliger Ausdruck, sondern
biographisch richtig und genau. Wie die »Vermißten« – also
die »Verirrten« – des Krieges.

den, verwirrten Pupillen erhoben hätte! Vergeblich. Alles sammelte sich, zog hinauf zum hohen Gold der Monstranzen: Nicola hatte in die zwei großen Augen der Fassade den Glanz der Hostie gesetzt, die ihr Strahlen dem Tod entgegenhält.*

Da kamen langsam aus der erst kürzlich gekalkten Kaserne Soldaten, trugen weiße Handschuhe, aus Zwirn. Ein hölzerner Stern mit grünweißroten Lämpchen schmückte das Portal: unter niederem Torbogen erzitterte der freie Ausgang vor der Schärpe des wachhabenden Offiziers.

»De Amicis« konnte ich entziffern.**

Die Stunden der Nacht rückten näher, die Müdigkeit der Reise beschwerte mich schon. Und es hob sich der Wind aus den Talengen des dunklen Piceno und brachte Rauschen in die Kastanien. Oder er strich von der bleichgrünen Bergwand herab, über die Täler, um die Stadt zu befallen. Schatten eilten von draußen herauf, heim zu den Mauern: hier und dort trug ein Fahrrad seinen Herrn ins Quartier.

Dann leuchteten auch die Bogenlampen auf, wiegten sich in der kalten Durchsichtigkeit des Abends. Von einem

* Die strahlende Hostie mit dem Monogramm des Heils, I H S, ist das Wahrzeichen des heiligen Bernhardin von Siena; als man später das Kreuz hinzufügte, wurde es das Wahrzeichen von Loyola und der Gesellschaft Jesu.
  Bernhardin wurde, dieses Symbols wegen, der Häresie angeklagt und zwei Prozessen unterzogen, in den Jahren 1427 und 1431-32.
  In der Geschichte unserer Malerei wird er fast immer dargestellt, indem er ein Bild mit der Hostie und dem Monogramm vorzeigt. (Pietro di Sano im Palazzo dei Signori in Siena.)
** Beim Schauen werde ich unversehens durch die bescheidene Beleuchtung der benachbarten Kaserne unterbrochen. Die szenische Abfolge deutet auch auf die Veränderung des Lichtes hin, nämlich vom abendlichen zum Dämmerlicht.

Mauervorsprung blickte ich lange hinüber in Richtung Paganica und Poggio, und weiter, auf die Vestini hin: drunten, vom Tal, hörte ich, von einer Kalesche, das Schnalzen der Peitsche und das Traben, frohgemut, auf der Heimkehr. Hin und wieder warfen die Scheinwerfer eines Autos Lichtkegel auf die Fahrbahnen, die von den Hügeln verdeckt oder wieder aufgedeckt wurden, je nach der Windung der Straße. Des Tages Fabel fand ihren Abschluß.

ICH wollte zu der anderen der beiden berühmten Kirchen von L'Aquila gelangen, die draußen vor dem Ring der Stadtmauern liegt, auf einsamem Hügel, in der Nähe der Stelle, wo der Fluß abfällt: aber ich geriet in die Nacht, weil ich mich in Gedanken und Schritten verlor, an jeder Ecke und mit jedem Vorwand.

Und ich verschob meinen Plan auf anderntags, damit das Licht des Morgens ihm Lebhaftigkeit verleihe. Links von mir fand ich einen Block von hellen Gebäuden, umzäunt, darin die psychiatrische Klinik des Bezirks, »antiquitus« das Irrenhaus*: zur Rechten, gleich überm Tal, beherbergte ein neuer Flügel des ehemaligen Klosters der Zölestiner, als Waisenhaus, alles, was da plötzlich ohne vorherige Bemühung des Pfarrers oder Inanspruchnahme des Standesbeamten, wimmernd ins Licht der Welt tritt. Weiter vorn, im Anbau der Kirche, das Heim für die Behinderten und Invaliden, fast als klammere es sich, nah dem Abgrund, an einen Zipfel der Barmherzigkeit Gottes. Neben

* Die alte Bezeichnung »Irrenhaus« war erst kürzlich und begrüßenswerterweise in »Psychiatrische Klinik« verbessert worden. Und zwar in ganz Italien.

der schwachen Hängelampe fand ich Inschrift und Tor, verschlossen, gegen das Stoßen des Windes.

In den Mietshäusern, jenseits des Tals, hier und dort ein Licht: dörflich, Provinz! Und die verlassenen Pfade der Nacht: vereinzelte, unsichtbare Häuser, wo der Hund heult in Fenstern, ganz plötzlich, wenn er einen verzweifelten Schritt wahrnimmt, der vom Berg kommt, von fremden Pässen.

Der Hauptort der abschüssigen Gebiete versammelt, wie jedes Zentrum eines Systems von Gedanken und Taten, die Ämter und Einrichtungen der Gesellschaft: das Grundbuch des Prätors unter dem alten Turm im Palaste; den Hof*, die Bank, das Lyzeum, die Bäder, das Hospital, das Gefängnis, das Leihhaus: und der Würfel des düstren Kastells bewacht, wie ein Fleischerhund, jedes Dach. Zeit der Spanier. Hohe Gipfel umstehen ringsum diese geschützten Gerätschaften des Gemeinwesens, einsam in der Schwärze des Himmels. Hier sind die Zufluchtsstätten und die Dächer der Menschen: die Klinik, das Hospiz, das Altersheim: von welcher Hacke oder Egge sind wohl diese Eingesperrten gekommen, die zahnlosen Taglöhner, um im Bett der Bezirkshauptstadt vor Kälte zu erschaudern?

Der gewaltige Wind, der Illyrien und die Adria durchquert und Piceno hinter sich gelassen hatte, stieß ächzend und verlöschend gegen die Rücken der Berge; und von dort strömt er müde herab. Die alten Knochen der Vielgeplagten, noch von Haut bedeckt, sammeln sich wieder vor dem alten Stamm von zäher Röte, die dem Feuer standgehalten hat. Geblendet heften sie ihre Blicke darauf, sammeln und ordnen die müden Gedanken der Erinnerung, die, wie der Stamm selbst, dahinwelken wird: in das Dunkel, in Asche.

---

* »Der Hof« = der Gerichtshof.

Macallè, der zwergenhafte Wirt mit dem nach Afrika klingenden Spitznamen, komplimentierte mich in seine recht freundliche Spelunke, wo ich, bei Tische dann, Ziegenkeule verlangte und einen Krug. Jener Name, samt den inzwischen entfleuchten Jahren*, stocherte ein Wespennest auf in meinem Hirn, wo er seit einigen Stunden schon spukte wie ein Stück vergessener Poesie.

Es hatte in dem Land damals Gewehre gegeben, Modell '87, Rekruten mit scharlachner Troddel und eingepreßter Nummer des Regiments auf der runden und gesteiften Mütze. Sie hatten lange Hosen, aus blauem Tuch, mit roten Streifen an den Seiten; und die Feldwebel riesige Schnurrbärte, zu Ehren des Königs. Und das Fort von Afrika hatte standgehalten, hatte Schuß für Schuß hingenommen, den Hunger, den Durst. Wieviele Dinge und Menschen mußten dahin, in den Läuften der Zeit! Die Kasernen des Apennin** werden alle 25 Jahre mit neuem Kalk beglückt, neuer Tünche, ihr weltliches Karma ist die Kalkmilch. Die warme

* Der Besuch von L'Aquila erfolgte Ende Oktober 1934: der Name Macallè war damals nur noch Erinnerung an den Feldzug von 1895-1896, und hing zusammen mit jenem Major Galliano, dem tapferen Verteidiger: (8. Dezember 1895 bis 21. Januar 1896). Darum die »inzwischen entfleuchten Jahre«.

** Es taucht, und diesmal als Evokation, das Thema der Kaserne und der Soldaten wieder auf. Es tauchen die Kinderjahre und die Angst-Feuchte gewisser alter Kasernen von Mailand (ehemals Klöster) wieder auf, wie der von San Vittore ad Corpus. Damit er sie, diese düsteren Vorhallen, mit den Blicken erforsche, zerrten ihn die Mägde an der Hand, die doch nur auf die Artillerie gierig waren. Dann ging er dort (in San Vittore ad Corpus) als »Freiwilliger in den Jahren 1914-15 aus und ein. Übungen des Bataillons Negrotto, mit dem Gewehr, Modell '87.

Sonne, dachte ich, ist doch die gleiche, immer die gleiche, auf dem gespülten Ziegelboden: zwischen Eßgeschirr und Feldbett und dort, wo das hölzerne Gestell die Reihe der Gewehre aufnimmt.

Macallè, der dicke Zwerg in Pantoffeln, manövriert, indem er sich eines Zipfels seiner hasenfarbenen Schürze bedient, heftig am Stil von Kasserolen und Pfannen: zwei Schwestern gehen ihm zur Hand: um die Nudeln zu kochen, die Salami zu schneiden. Er schaut mich von seiner Küche her an, und ich rufe ihm zu: »Bedien' mich gut, he!«

Sie kam auch sogleich, die Keule, das Nierchen noch dran, daneben ein Berg groben Spinats: es kam die Speise und ein Trank, die mich stärkten und lösten. Ich wurde ruhig: die Hirngespinste verließen das Haus, als wollten auch sie frische Luft schnappen: ja, fast wollte mir scheinen, ich sei ein normaler Mensch, und ziemlich gescheit dazu.

Sollt er doch gehen, der Wind, herumstreichen in der Nacht, im dunklen Tal! Zum Teufel gehen, wohin er wollte!

Die drei Rosen von Collemaggio

Laßt mich verharren in meinem Traum und in meiner Andacht, wenn auch Zeit und Geschehnisse drängen.

Laßt mich hier, wo der helle Platz sich auftut, abschüssig zu den Stufen am Bogen und zu den Türmen des Doms hin: voller Zeltplanen, voller Käfige mit Hühnern: überquellend und beladen mit Pfefferschoten, Hosenträgern, Pfannen, Pantoffeln, Laternen und schlecht gebrannten Tellern, die der Mann aus Lucca hintereinander gen Himmel wirft und wie ein Jongleur wieder auffängt: – Gebt mir nur eine Lira dafür und sie gehören euch! – Und, heftiger noch als der Schwung des Wurfs, bricht sein toskanischer Redeschwall über die grimmigen, finsteren Weiber herein; die ihm mißtrauen. Dann kramen sie schließlich aus dem Abgeschabten* zwanzig Centesimi, stückweise. Heute Vormittag sitzen sie im Kreis um die Laren der neuen Tonwaren, die wie eine komplette Ladung fürs Tontaubenschießen wirken: vielleicht kommt von drunten der Botengänger mit einem Brief, vom Sohn in Ascoli oder dem Brigadier in Tarvis.

Männer vom Land, extra muros, Offiziersburschen mit Einkaufskorb; zwischen den Füßen pickende oder gurrende Tauben, die plötzlich über den ausgespannten Zeltbahnen ihre aschfarbene Bahn ziehen: Kohl und Tomaten übergeben der Luft die kräftigen Vitamine ihrer Geister.

* *Aus dem Abgeschabten:* aus dem abgeschabten Geldbeutel.

Strümpfe und Spielkram, Kämme, grüne Seife, Zitronen:
dicke Wollunterhemden gegen das eisige Heulen des Winters. Die Polis des Gebirges ist mir teuer: laßt mich, des
Morgens, in der Sonne. Unter dem Oberbefehl der Wache
werden, Punkt eins, dreißig Straßenkehrer mit Wasserstrahlen im Handumdrehen die Piazza wieder säubern,
von allen Kohl- und Pfefferrelikten befreien: selig werde ich
sein, Punkt eins, zwischen all den Kehrbesen! Und aus der
gründlichen Waschung werden einzig die beiden Jünglinge
aus grüner Bronze wiedererstehen, über den tropfenden
Becken der Brunnen. Kraftvolle Anmut strahlen sie aus,
wie zwei halbwüchsige Gottheiten. Ihre Füße sind auf anmutige Weise mager, wie man es bei wirklich wohlgewachsenen Burschen bemerkt, die ans Turnen und Laufen gewohnt sind: die Fesseln schlank, man sieht die Sehnen. Sie
haben keine geschwollenen, grobschlächtigen Füße, entstellt
durch ein frühes Herzleiden oder einen gestörten Blutkreislauf.*

BEIM Gang hinunter zum Brunnen mit den 99 Röhren traf
ich, in kleinen Grüppchen, die schwatzhafte Jugend des
alten Gymnasiums bei Schulschluß: die kleinen Fräuleins,
bücherbeladen, hatten ihre Kameraden zur Seite: kam dann
zu einer anmutigen Piazza, San Biagio, wo die Sonne
wohnte, Karren standen und Esel mit Saumsätteln: und

* Die heutigen Bildhauerprodukte (oder die von gestern?) zeigen Füße und Fesseln von übertriebener Dicke, während doch
die direkte Anschauung der Natur dem Betrachter nicht gerade wenige Beispiele von schlanken Fesseln und ordentlichen
Füßen in Vorschlag zu bringen scheint, oft mager und flink
beim Laufen und Springen (Bäder, Sportplätze: und ähnliche
Observatorien).

rastende Gäule, ums Maul den Habersack und um den Schwanz die Bremsen.

Diese Station der ehrbaren und geruchverbreitenden Vierbeiner erfüllte mich mit Fröhlichkeit: und mit einem Gefühl von Sanftmut, von ruhigem Ernst und von Leben. Es war außerordentlich logisch und rational, daß den Bergpfaden entlang Saumtiere und Esel, schweifwerfende Tüchtigkeit, mitsamt ihren Fliegen, zur Polis kamen. Die elektrischen Trams, auch die perfektesten, hätten mit ihnen nicht wetteifern können. Die anderen Eselchen, die büchertragenden, »passierten« durch die Straßen, erfüllt von Jugend, ohne die Vierbeiner eines Blickes zu würdigen: die weiblichen schweigend, die männlichen mit einigen lärmenden Urteilen über gewisse Fußballtritte, die offenbar die geglücktesten der Woche gewesen waren. Blonde oder schwarze Haarschöpfe waren's, mit ungestümen Stimmen, im Wind. Die Namen der Heroen gingen von Mund zu Mund, obgleich nicht im Lexikon verzeichnet, das zwei Zentner zu wiegen schien.

Ich kam mir als angegrauter Esel vor, ging einsam daher, hinunter zum Brunnen mit den Röhren: den die Kunst und die praktische Vernunft des Tancredi di Pèntima, in den Jahren von Tagliacozzo, für die neuen Bürger so passend zu errichten gewußt hatten: klar, in der Anlage des Werkes dem Ort so angemessen, daß du ihm sogleich den praktischen Zweck ablesen kannst. Du liest darin eine architektonische Sorgfalt von nobler Urbanität und rationaler Sinnfälligkeit. Hier entsprang das zweite der vier Elemente, am Fuß des Hügels: so schlossen die Mauern es »in urbe« ein, neigten tief sich hügelab, als beuge einer sich aus dem Sattel, im Turnier, bemüht, eine Blume vom Boden aufzulesen. Der Brunnen war die unentbehrliche Blume, unerläßlich für alle Verrichtungen der Bürger. Von jener Was-

serader her rührte sehr wahrscheinlich die Wahl der Sied-
lung: und vielleicht, noch vor dem heraldischen Symbol,
der Name der Stadt: da man die Wasserader schon seit
Jahrhunderten kannte und die »acquicce«, die daraus
strömten und zum Fluß liefen, Aculae oder Aquiliae
nannte.

Wie dem auch sei: die kaiserlichen und königlichen Ur-
kunden, von denen zuweilen die Rede ist und durch die die
Stadt aus den umliegenden Kastellen und Weilern offiziell
begründet wurde, verdanken sich gewiß eher der inneren
und lebendigen Notwendigkeit dieses Umstands als der
weitblickenden und soliden Planung und dem Großmut der
Staufer und ihrer Nachfolger.

IN den klaren Morgen dringt, durch ihre edlen Zeichen, die
Zeit ein: die flüchtende Zeit, die den Akten und Fakten
unwiederbringlich ist, und das schweigsame Reich der Seelen. Fortwährend deutet sie mir die Summe ihrer Gedanken: und bringt meinem Bewußtsein unausgesprochene,
doch deutliche Urteile. Den Kirchen, den Palästen, den
Türmen ist sie zugewiesen! Den alten Brücken, den Motten.
Francesco Ariscola[*] hat dem Kastell ein Portal zu entwer-
fen vermocht: mit einem Adler[**] – kein Doppeladler und
doch ganz kaiserlich! – und zwei wundervollen Füllhör-
nern: betürmte Gebäude, Waffen, Voluten, Blumen, Chi-
mären. Es gibt keine kaiserliche Briefmarke, die es mit diesem Adlerquadrat aufnehmen könnte. Die Militärarchitek-

[*] Francesco Ariscola; nicht Silvestro, der sogenannte Silvestro
dell'Aquila, der um 1500 arbeitete.
[**] Italienisch: ›aquila‹. (A. d. Ü.)

126

ten Karls v. stellten in diesem Kastell ihre Künste und ihre Erfindungsgabe unter Beweis: durch die Zuvorkommenheit des Distriktkommandanten wurde mir der Besuch der riesigen Anlage ermöglicht. Er begleitete mich durch die Gänge und Kasematten und die langen und dunklen Korridore der Laufgräben, wo Angst und Finsternis ihr Domizil haben: dann hinauf auf die Brustwehren, wo wieder die Sonne blendete. Ich sah die Berge, die braunen Ackerfurchen des Herbstes, die drei Hügel, Castelvecchio, Sant'Onofrio und Bazzano, aus denen die Stadt wohl gekeimt und entstanden ist.

Hinunterwärts steigen die alten Mauern zur Porta Rivera, zum Tal, zu der Stelle, wo die Gegenfestung von Monte Luco sie in die Enge treibt, umdüstert durch das kleine Dickicht der Pinien. Dem Tal entlang entschwindet träge der Fluß, flüchten die Geleise, widerscheinend in der mittäglichen Sonne. All die lieblichen Bilder des Herbstes scheinen in der Feuchte zu zittern, welche die Erde aus sich heraushaucht: und das vermischte Volk der Ulmen, der Weiden, der Pappeln hat entlang den Ufern seine geruhsame Wohnstatt, die Wurzeln umspült von leuchtenden Wassern, die Kronen umwirbelt vom Wind und von flüchtigem Dunst.

An anderem Punkt, auf die Vestini* gerichtet, ist die aus den Zeiten Kaiser Friedrichs stammende Umgürtung zum öffentlichen Spazierweg geworden, mit römisch-cäsarischer Brüstung: sie führt gen Osten: leuchtend die frühe Stunde, mächtig und starr die folgenden, über dem Abhang, der sich dann zum Aterno senkt, mit Mandelbäumen von schütterem Schatten und zerzausten Weinstöcken. Die fernen Berge und Schneefelder sind Szene und hoher Chor.

---

* Gemeint ist, wer in die Richtung der Vestiner Berge blickt.

Weiße Hühner, mit korallroten Kämmen, picken verloren nach wer weiß was für Körnern oder Samen oder Würmchen: als erwachten sie bei jedem Schnabelhieb vom Hals her aus lauer Schläfrigkeit, aus der scarfagna* der Jahreszeit und der Stunde. Sie lassen's gut sein, könnte man denken. Oder aber sie brüten über dem Ei für die Mittagsstunde, versüßen mit trunkenen Traubenkernen die Kehle, stimmen wieder und wieder – immer genauer werdend – ein dumpfes Geschnatter an, einen Gesang der Verzweiflung und der Lobpreisung. Und wenn die Schatten spärlich geworden sind, dann werden sie – kaum hat das mittägliche Gegacker eingesetzt – ins Einwohnermeldeamt stürmen.

So gelange ich endlich, nach zwei Tagen und Nächten, zur Santa Maria di Collemaggio; die mein Ziel war.

DIE drei Fensterrosen im Mosaik der Fassade blicken mich an mit der Helle eines jugendlichen Gedankens. Eine andächtige Hand hat die Rosen gepflückt, hat durch sie, mit der Morgenfrühe, die ganze Reinheit des Musters, das sich über die Fassadenwand breitet, wiedererblühen lassen.

Fröhlich und feierlich ist das Schmuckgewand, gewebt aus den beiden Farben des Felssteins, dem Rosa und dem Elfenbein: sie sprechen mir von den klaren Wassern der Berge, die die Madonna streift oder schweigend durchwandelt. Den reinsten Seelen erschien sie unter den tropfenden Höhlen und in der Wildnis, im aschenen Licht des Vormorgens, im Feuer der jubelnden Frühe.

---

* *Scarfagna:* indolente Schläfrigkeit: Trägheit mit dem Wunsch, nichts zu tun (umbrischer Dialekt).

Der Schlange Schwanz ist verschwunden, raschelnd, in den abscheulichen Spalten der Versuchung: und das Licht hat sie dann verschlossen, nur die Hyazinthen sind noch geblieben, damit Du darauf wandelst!, auf gereinigter Erde.

In Perlmutt und Rosa, oder aschfarben wie der Flug der Tauben, so kündet sich mir, von der Wildnis niedergestiegen, der Morgen an: ich verweile bei diesem noch so kraftlosen Himmel, in dem der Stern sich verlor, den eine rosige Wolke umschleiert, die zu Gold und Azur verschmilzt: sie trägt meine Träume mit sich und das barmherzige Beten der Nacht. Für mich hat sie gebetet.

Sedisvakanz: das Kollegium bemühte sich, in Perugia; der Anjou ließ sich mit Pomp und rauschenden Festen in Lucca nieder; und mit ihm Karl Martell, sein Sohn. Da verbreitete sich über den halben Apennin ein Gerücht: und alle sagten sie, es sei alte und sichere Kunde des Kalabriers: Joachim von Fiore[*], mit prophetischer Weisheit begabt[**]: »Nachdem der Stuhl Petri über zwei Jahre vakant war, wird Papst sein, am Tage der Buße und Glorie, der, der

---

[*] Geboren in Célico bei Cosenza im Jahr 1129, war Joachim Zisterziensermönch (vermutlich von 1177 an) und Abt von Corazzo. Nachdem er sich vom Zisterzienserorden getrennt hatte, gründete er 1191 die Einsiedelei, nachmals Kloster, von Fiore, heute San Giovanni in Fiore in den Bergen der Sila von Crotone. Er gab seinen »Florensern« eine sehr strenge Regel und erzog sie zu härterer Disziplin (als die der Zisterzienser) im Sinn von Armut und Askese, in der Gewißheit eines geschichtlichen »Werdens«, einer fortwährenden Perfektionierbarkeit des christlichen Fühlens und Lebens.

[**] Das Gerücht hatte sich, genau gesagt, seit geraumer Zeit verbreitet. Joachim von Fiore stünde das Zeugnis zu, das Entstehen des Franziskanertums prophezeit zu haben, oder, allgemeiner, die Heraufkunft christlicher Spiritualität in Italien.

von der Wildnis kommt und vom unwirklichen Berg Apennin, barfüßig, der von Kräutern sich nährt, der im ewigen Schnee sich zu Gedanken voller Ewigkeit erhoben hat.«

Am fünften Tag des Juli im Jahre des Heils 1294 war es als erster der Kardinal von Ostia, der offen die Stimme abgab für jenen heiligmäßigen Eremiten des Berges Morrone: der gehört zur Pelignischen Bergkette und verstellt den Bewohnern von Pratola die Maiella.

Als sie sich schließlich gen Ende August einig geworden, daß sie ihm die Tiara auferlegen wollten und den Prunkmantel, verlangte der Alte, daß dies bei L'Aquila geschehe, in dieser seiner der Madonna geweihten Kirche: die er in einem Jahrfünft geschaffen hatte: mit Unmengen von Almosen, mit den jugendfrischen Ewigkeitsgedanken.

Gewandelt haben sich, mit den Zeitläuften, die Gedanken der Menschen. Und der Anjou und der Gaetani* stellten einträchtig fest, daß man den Mantel von diesen armen Schultern nehmen müsse, den sie ihm fünf Monate vorher auferlegt hatten: unter dem Jubel von zweihunderttausend

Das Gerede über die Wahl eines armen und heiligmäßigen Papstes paßt genau in diese Art der Vorhersagen des Kalabriers: wenn auch der Erfolg, nach der Durchführung, nicht so war, daß er ein Prophetenwort verdient hätte. Als Exeget der *Apokalypse* sah Joachim die Geschichte als eine Abfolge von Wiederkehrendem, quasi ein Vico anti litteram. Das Adjektiv »prophetisch« stammt, wie man weiß, aus Dantes *Paradies*, XII, 141, wo er den heiligen Bonaventura vorstellt.

* Der Anjou ist Karl II., der Hinkefuß, Sohn Karls I., der am 7. Jänner 1155 im dritten Jahr des Kriegs der Sizilianischen Vesper in Foggia verschieden war. Der Gaetani ist Benedetto Gaetani aus Anagni, durch das Konklave (Neapel) am 23. Dezember 1194 zum Papst erhoben mit Namen Bonifaz VIII. Pontifex. Die Festung von Monte Fumone bei Alatri war sein Erbgut seitens der Mutter, Emilia Patrasso. Auf-

Gläubigen. Am Tage des 13. Dezember des nämlichen Jahres tat jener vierundachtzigjährige Pietro von Morrone, auf dem Stuhl Petri Zölestin v., das, was genügte, um sich von der Welt das bekannte Schimpfwort des Dante zuzuziehen.

Und feurig ist, über den Bergen, der Morgen, über den Wäldern und Wassern, den Verwerflichkeiten und den Sünden: davor die Einsamkeit des tropfenden Felsens. Das Heulen des Winters wird, wie ein Wolf, über die Hyazinthen kommen: und die Schlange im Frühjahr wird sich siebenmal häuten. Die Kirche mit dem so klar gezeichneten Muster, am einsamen Hügel, öffnet ihre Portale den Hyazinthen: der aus Orange raubte das Silber, zweieinhalb Jahrhunderte ehe sie das andre aus der Kirche San Bernardino stahlen, stahl es aus dem Grab. Ließ die Gebeine liegen. Diese Gebeine, nachdem sie des Mantels entkleidet worden, hatte der Gaetani bereits verschlossen, eingemauert, in die Festung von Alatri.* Die Kirche nimmt sie, im

schlüsse über Papst Bonifaz braucht man sich nicht bei Dante Alighieri holen: »Bist Du dort schon richtig, Bonifaz?«: wobei das »dort« zu verstehen ist als tief im dritten Höllenring, am Rand des feurigen Schlundes, in dem Papst Nikolaus III. kopfüber steckt: und mit den brennenden Fußsohlen hervorstrampelt und Funken sprüht wie fettiges Papier, das Feuer gefangen. Nikolaus III. »weinte mit den Zinken«, also indem er mit den Beinen im Brand rührte, in Erwartung, daß Bonifaz VIII. zur Hölle niederführe, um seinen Platz einzunehmen: 13. Oktober 1303. Sein Vorgänger (auf dem Thron und in der päpstlichen Synode) sollte noch tiefer stürzen durch den Schlund oder Spalt des Felsens, und den Nachfolger weiterstrampeln lassen. Füße oben, anstelle des Kopfs. Füße, die in Antithese zum Flammen des Heiligen Geistes brennen, der, im Konklave, auf die Häupter der Wählenden herabkommt.
* *Eingemauert* ist hyperbolisch, es meint: »indem er sie in Nea-

Angesicht der Madonna, wieder auf: mit der bewahrten
Erinnerung an den Verjagten und Verstoßenen, den die
rächende Stimme seines Volkes – die Schmach überwindend
– an die Altäre zurückrief.

pel in Arrest nahm, fürs erste«. *»Gebeine«* steht für das Grei-
senalter des Ärmsten. Der abgedankte Zölestin v., der wieder
zum Pietro vom Berge Morrone wurde, entzieht sich aller
Beklemmnis dieses Zwangsaufenthaltes und entflieht (mit
85 Jahren!) aus Neapel: flüchtet nach Apulien, schifft sich ein,
fleht auf Knien zur Madonna: und segelt zu gesünderen
Ufern, weniger gaetanisch-anjouhaften. Zur Landung ge-
zwungen, wird er in Vieste am Gargano gefangen und den
Häschern des Gaetani ausgeliefert: der ihn auf der Festung
von Monte Fumone bei Alatri einkerkert. Dort stirbt der Ex-
Papst von selber am 19. Dezember 1296, im Alter von 87
Jahren.
Ihr könnt im Muratori *(Annali d'Italia)* die Erzählung über
das Pontifikat Zölestins v. nachlesen (Juli-Dezember 1294:
aber die Weihe erfolgte am 29. August in L'Aquila) und die
ganze schreckensvolle Geschichte des erzwungenen Verzichts.
»... Der gute Heilige Vater, sei's wegen seines hinfälligen
Alters, sei's wegen seiner Unerfahrenheit, wurde tagtäglich
von seinen Offizienten bei der Vergebung von Gnadenbe-
weisen und Kirchenstiftungen betrogen...« Und Jacobus a
Voragine, Erzbischof von Genua, notiert, wie er viele Dinge
»de plenitudine potestatis« und die übrigen »de plenitudine
simplicitatis« anstellte. Ludovico fügt dann hinzu, indem er
Ja für Nein verkauft: »... Es stinkt nach Fabeleien, was da
einige niedergeschrieben haben, wonach der obengenannte
Kardinal Benedetto Gaetani, der dann zum Papst Bonifaz VIII. wurde, ihm nächtlicherweise mit einer Posaune, als
käme die Stimme vom Himmel, einflüsterte, daß er auf den
Papstthron verzichten solle...«
Einen armen Alten von 85 Jahren, der nur danach lechzte,
ein wenig Salat zu knabbern mit Schafskäse und Polenta in

der Bergklause zu mümmeln! der, nachdem er zur Madonna gebetet, nicht nur die Tiara abgelegt, sondern die ganze päpstliche Kämmerergesellschaft und das Zeremoniell hinter sich gelassen hat! der, zu Tode erschrocken, die Greifklauen des Teufels spürt, die ihn an den Füßen hinabzerrten! einen Gefangenen dieser ganzen Politik im Sog der Anjou und Gaetani, einen solchen Mann durchs Loch in der Decke mit einer Posaune anzublöken, des Nachts, im Finstern: »Zööölestin! Zöööööölestiiin! bereue Deine Sünnnden! lasss den Rammsch!« Der Schlag könnte einen rühren! Dem Papst vom Berge begann der Kopf zu wackeln, war nicht mehr aufzuhalten: sah aus, als meine er damit »ja, ja, ja, ich laß schon«, und dann wieder wie: »nein, nein, nein, ich will nicht«. Alighieri hat den Morrone unter die »Feiglinge« (unentschlossen) gestürzt, die er dazu verdammt, im riesigen Vestibül des Inferno im Kreis zu rennen hinter einem Wahrzeichen, das nie zum Stillstand kommt, weil sie im Leben nicht zu Partei und Fahne hielten. Im nachhinein, als die Ereignisse schon längst stattgefunden hatten, der Skandal in alle Ewigkeit aufgebläht war, hat der Poet (und Prophet »à rebours«) doch zu viel verlangt von seinen Toten, von seinen Päpsten.

Editorische Notiz

ALLE BEITRÄGE DIESES Bandes, geschrieben zwischen 1934 und 1959, erschienen erstmals in Zeitungen und Zeitschriften. Carlo Emilio Gadda publizierte diese Texte mehrfach und jeweils in unterschiedlicher Zusammensetzung in Buchform. 1939 veröffentlichte er bei Parenti in Florenz *Le Meraviglie d'Italia* (in einer Auflage von 405 Exemplaren); der Band enthielt insgesamt 16 Texte. 1943 veröffentlichte er, ebenfalls bei Parenti, *Gli Anni* (in einer Auflage von 200 Exemplaren); der Band enthielt insgesamt neun Texte. 1961 veröffentlichte er bei Ricciardi in Mailand und Florenz *Verso la Certosa*; der Band enthielt – neben den in den zwei erwähnten Bänden schon enthaltenen Texten – vier weitere.

1964 erschienen *Le Meraviglie d'Italia* zum zweiten Mal: in einer neuen Zusammenstellung, die Gadda selber vorgenommen hatte; der Band enthielt nun einige Texte aus der alten Ausgabe von *Le Meraviglie d'Italia* und, mit einer Ausnahme, alle Texte aus *Gli Anni*. Der vorliegende Band richtet sich nach dieser Ausgabe von 1964, wählt freilich aus. Bei der Auswahl waren für die Übersetzerin und den Verlag zwei Kriterien bestimmend: zum einen sollte in der deutschen Ausgabe die Breite und Vielfalt der Themen Gaddas (einer der Texte, *Eine Baustelle in der Wüste*, der schon in der ersten Ausgabe von *Le Meraviglie d'Italia* enthalten war, handelt immerhin von Argentinien!) wiedergegeben werden, zum andern sollte auf jene Texte verzich-

135

tet werden, die zu spezifisch und einem deutschen Leser kaum verständlich wären.

Hingegen sind zwei Texte, die in der italienischen Ausgabe von 1964 nicht enthalten sind, aufgenommen: *Bei den Reispflanzerinnen (Dalle mondine, in risaia:* er war nur in der ersten Ausgabe von *Le Meraviglie d'Italia* sowie in *Verso la Certosa* enthalten) und *Mondnacht (Notte di luna:* entnommen dem 1944 bei Le Monnier in Florenz erschienenen Band *L'Adalgisa, Disegni Milanesi).*

Ursprünglich plante Gadda, in die erste Ausgabe von *Le Meraviglie d'Italia* auch einen Text mit dem Titel *La cognizione del dolore* aufzunehmen; dieser aber »nahm die Beschaffenheit und die Dimensionen eines Romans an« (Gadda in einer Notiz vom 15. Mai 1939) und wurde daher ausgegliedert. Aus ihm entstand später der Roman *La cognizione del dolore,* der 1962 bei Einaudi in Turin erschien (deutsche Übersetzung: *Die Erkenntnis des Schmerzes,* deutsch von Toni Kienlechner, München [Piper] 1963).

Die Übersetzung versucht, Gaddas zerklüfteter und stilistisch uneinheitlicher Prosa gerecht zu werden: es wurde weder geglättet noch modernisiert. Auch die vertrackte Interpunktion Gaddas wurde, soweit möglich, erhalten.

IM folgenden ist der bibliographische Weg jedes der in diesem Band gesammelten Texte nachgezeichnet. Auf den Titel folgt der Ort des ersten Erscheinens, dann werden – in chronologischer Folge – die Bände angegeben, in die die einzelnen Texte aufgenommen wurden; dabei sind folgende Abkürzungen verwandt: MDI für *Le Meraviglie d'Italia* (Ausgabe 1939), GA für *Gli Anni,* VLC für *Verso la Certosa* und M für *Le Meraviglie d'Italia* (Ausgabe 1964).

EIN TIGER IM PARK (UNA TIGRE NEL PARCO). Unter dem Titel *Una tigre al parco* in: ›L'Ambrosiano‹, 29. Mai 1936. MDI und M.

LOMBARDISCHES LAND (TERRA LOMBARDA). ›Panorama‹, II, Nr. 7, 12. April 1940. GA; VLC, M.

BEI DEN REISPFLANZERINNEN (DALLE MONDINE, IN RISAIA). ›Gazzetta del popolo‹, 17. Juli 1936. MDI; VLC.

DIE REISE DER GEWÄSSER (IL VIAGGIO DELLE ACQUE). ›Il Messagero‹, 3. April 1940. M.

MONDNACHT (NOTTE DI LUNA). Unter dem Titel *Notte di luna. Paese, a guisa di introduzione* in ›Primato. Lettere e Arti d'Italia‹, 3. Jahrgang, Nr. 12, 15. Juni 1942. Später wieder erschienen bei Einaudi, Turin in dem Band *L'Adalgisa. Disegni Milanesi* (1955).

PLAN VON MAILAND. ZIERDE DER PALÄSTE (PIANTA DI MILANO. DECORO DEI PALAZZI). ›L'Ambrosiano‹, 7. Januar 1936. MDI; M.

UNSER HAUS VERÄNDERT SICH: UND DER MIETER MUSS ES ERTRAGEN (LA NOSTRA CASA SI TRASFORMA: E L'INQUILINO LA DEVE SUBIRE). ›Radiocorriere-TV‹, XXXVI, Nr. 13, 29. März bis 4. April 1959. Wieder abgedruckt in dem 1960 in Mailand bei Bompiani erschienenen Band *Saggi italiani 1959* (ausgewählt von A. Moravia und E. Zolla). VLC; M.

AN DER MAILÄNDER BÖRSE (ALLA BORSA DI MILANO). Unter dem Titel *Una mattinata alla Borsa. L'assurda cattedrale della religione capitalistica* in ›Gazzetta del popolo‹, 28. März 1935. Unter dem Titel *La Borsa di Milano* in ›L'Ambrosiano‹, 24. Oktober 1935. MDI; VLC; M.

EIN VORMITTAG AUF DEM SCHLACHTHOF (UNA MATTINATA AI MACELLI). Unter den Titeln *Mattinata ai macelli d'una grande città* und *Il Camion delle undici* in ›Gazzetta del popolo‹, 25. und 28. Oktober 1934. MDI; M.

URVÄTERRISOTTO. REZEPTUR (RISOTTO PATRIO. RÈCIPE). Unter dem Titel *Risotto alla milanese* in ›Agenda Vallecchi 1960‹, Florenz 1960. VIC; M.

DER MENSCH UND DIE MASCHINE (L'UOMO E LA MACCHINA). ›Panorama‹, II, Nr. 8, 27. April 1940. GA; M.

EINE BAUSTELLE IN DER WÜSTE (UN CANTIERE NELLE SOLITUDINI). ›Gazzetta del popolo‹, 2. Oktober 1934. MDI; M.

DIE ABRUZZEN. MENSCHEN UND LAND (GENTI E TERRE D'ABRUZZO). ›Gazzetta del popolo‹, 19. Februar 1935. MDI; M.

DIE DREI ROSEN VON COLLEMAGGIO (LE TRE ROSE DI COLLEMAGGIO). Unter dem Titel *Antico vigore del popolo d'Abruzzo* in ›Gazzetta del popolo‹, 28. März 1935. MDI; VLC; M.

Über den Autor

CARLO EMILIO GADDA wurde 1893 in Mailand geboren, wo er seine Jugend verbrachte. Er ging als Freiwilliger in den Ersten Weltkrieg und kam an die Front. Sein Bruder Enrico fiel 1918. Vorliebe für die Mathematik, Studium der Ingenieurswissenschaften, Examen nach der Rückkehr aus dem Krieg. Danach viele Jahre Tätigkeit als Ingenieur, zuerst in Italien, dann in Argentinien, Frankreich, Deutschland und Belgien. Schon in dieser Zeit schriftstellerische Tätigkeit; Veröffentlichungen in Zeitungen und Zeitschriften (seine ersten Texte erschienen in der Zeitschrift ›Solaria‹). 1940 siedelte er nach Florenz über. Hier lebte er – unter großen ökonomischen Schwierigkeiten – bis 1950: zugleich eine Zeit großer schriftstellerischer Produktivität. 1950 zog Gadda nach Rom, wo er bis zu seinem Tod im Jahre 1973 lebte: in einer bescheidenen und ruhigen Wohnung in Monte Mario, 15 Kilometer vom Zentrum der Stadt entfernt. – Mit seinem Roman *Quer pasticciaccio brutto de via Merulana (Die schreckliche Bescherung in der Via Merulana)*, der 1957 erschien, wurde er international berühmt. 1963 erhielt er für seinen Roman *La cognizione del dolore (Die Erkenntnis des Schmerzes)* den ›Prix Formentor‹.

Bibliographie

La madonna dei filosofi. Florenz (Solaria), 1931
Il castello di Udine. Florenz (Solaria), 1943
Le Meraviglie d'Italia. Florenz (Parenti), 1939
Gli Anni. Florenz (Parenti), 1943
L'Adalgisa. Florenz (Le Monnier), 1944
Il primo libro delle favole. Venedig (Neri Pozza), 1952
Novelle dal ducato in fiamme. Florenz (Vallecchi), 1953
Giornale di guerra e prigionia. Florenz (Sansoni), 1955
I sogni de la folgore. Turin (Einaudi), 1955; der Band enthält *La Madonna dei filosofi*, *Il castello di Udine* und *L'Adalgisa*.
Quer pasticciaccio brutto de via Merulana. Mailand (Garzanti), 1957; deutsch: *Die schreckliche Bescherung in der Via Merulana*. Aus dem Italienischen von Toni Kienlechner. München (Piper), 1961
I viaggi la morte. Mailand (Garzanti), 1958
Verso la Certosa. Mailand und Neapel (Ricciardi), 1961
Accoppiamenti giudiziosi. Mailand (Garzanti), 1963; der Band enthält neben *Novelle dal ducato in fiamme* zahlreiche unveröffentlichte Erzählungen.
La cognizione del dolore. Turin (Einaudi), 1962; deutsch: *Die Erkenntnis des Schmerzes*. Aus dem Italienischen von Toni Kienlechner. München (Piper), 1963
I Luigi di Francia. Mailand (Garzanti), 1964; deutsch: *Frankreichs Ludwige*. Aus dem Italienischen von Toni Kienlechner. München (Hanser), 1966

Giornale di guerra e prigionia. Turin (Einaudi), 1965; stark erweiterte Ausgabe

Erzählungen. Aus dem Italienischen von Heinz Riedt. Frankfurt am Main (Suhrkamp), 1965; der Band enthält Erzählungen aus *Il castello di Udine, Accoppiamenti giudiziosi, Verso la Certosa, L'Adalgisa* und *Le Meraviglie d'Italia.*

Eros e Priapo, da furore a cenere. Mailand (Garzanti), 1967

La cognizione del dolore. Turin (Einaudi), 1970; um zwei unveröffentlichte Kapitel erweiterte Ausgabe

La Meccanica. Mailand (Garzanti), 1970

Novella seconda. Mailand (Garzanti), 1971

Meditazione milanese. Turin (Einaudi), 1974

Le bizze del capitano in congedo e altri racconti. Mailand (Adelphi), 1981

Il tempo e le opere. Saggi, note e divagazioni. Mailand (Adelphi), 1982

Lettere a una gentile signora. Mailand (Adelphi), 1983

Il palazzo degli ori. Turin (Einaudi), 1983

Racconto italiano di ignoto del novecento. Turin (Einaudi), 1983

L'ingegner fantasia. Lettere a Ugo Betti 1919-1930. Mailand (Rizzoli), 1984

Wagenbachs Italienische Reise

GIORGIO MANGANELLI
Irrläufe
100 Romane in Pillenform
Quartheft 107. 208 Seiten DM 19.80

Amore
Ein sophistischer Spaziergang
Quartheft 118. 128 Seiten. DM 16.80

NICOLÒ FERJANCIC
Polonia
Ein nomadischer, nicht zufälliger Roman
Quartheft 122. 224 Seiten. DM 19.80

CARMELO SAMONÀ
Der Aufseher
Roman
Quartheft 128. 144 Seiten. DM 16.80

PIER PAOLO PASOLINI
Unter freiem Himmel
Ausgewählte Gedichte
Quartheft 112. 160 Seiten. DM 17.80

Amado Mio
Zwei Romane über die Freundschaft
Quartheft 130. 208 Seiten. DM 19.80

LUIGI MALERBA
Die nachdenklichen Hühner
131 kurze Geschichten mit Zeichnungen
von Matthias Koeppel
Quartheft 132. 80 Seiten. DM 12.80

SIL SCHMID
Freiheit heilt
Die demokratische Psychiatrie in Italien
WAT 41. 128 Seiten. DM 7.50

ERNST PIPER
Der Aufstand der Ciompi
Über den ›Tumult‹, den die Wollarbeiter im Florenz
der Frührenaissance anzettelten
WAT 49. 128 Seiten. DM 8.50

TOMMASO DI CIAULA
Das Bittere und das Süße
Über die Liebe, das Scherenschleifen und
andere vergessene Berufe
WAT 86. 128 Seiten DM 9.–

GESUALDO BUFALINO
Museum der Schatten
Geschichten aus dem alten Sizilien
WAT 93. 128 Seiten. DM 9.50

WERNER RAITH
Die ehrenwerte Firma
Der Weg der italienischen Mafia vom
Paten zur Industrie
WAT 99. 192 Seiten. DM 13.–

Die Schülerschule von Barbiana
Briefe über die Lust am Lernen
Nachwort von Lisa Brink und Nora Thies
WAT 113. 192 Seiten. DM 12.50

Wagenbach

Kunst in Italien

CARLO GINZBURG
Erkundungen über Piero
Piero della Francesca, ein Maler
der frühen Renaissance
Englische Broschur. 192 Seiten mit zahlreichen Abb. DM 34.–

CARLO GINZBURG
Spurensicherungen
Über verborgene Geschichte, Kunst und
soziales Gedächtnis
Englische Broschur. 192 Seiten mit zahlreichen Abb. DM 29.80

SALVATORE SETTIS
Giorgiones ›Gewitter‹
Auftraggeber und verborgenes Sujet eines
Bildes in der Renaissance
Englische Broschur. 208 Seiten mit ausführlichem Bildteil. DM 36.–

JOACHIM SCHUMACHER
Leonardo da Vinci
Maler und Forscher in anarchischer Gesellschaft
Englische Broschur. 288 Seiten mit zahlreichen Abb. DM 39.80

PETER BURKE
Die Renaissance in Italien
Sozialgeschichte einer Kultur zwischen
Tradition und Erfindung
Englische Broschur, Großformat. 336 Seiten mit zahlreichen
Abbildungen und Bildtafeln. DM 48.–

Wagenbach